놀라운
음악치료의 세계

놀라운
음악치료의 세계
The world of music therapy

저자 임종환

예영 B&P

저자 서문

현대의학의 눈부신 발전에도 불구하고 전 세계 인류는 새로운 질병의 발생과 함께 수술과 약물의 부작용들로 고통받고 있다. 그래서 병원은 점점 늘어가고 있지만 환자는 줄기는커녕 점점 더 늘어만 가고 있다. 이런 점에서 이러한 어려움과 문제들을 해결해줄 새로운 대체의학이 점점 더 필요한 시대에 이미 접어들었다. 단순한 신체부상을 넘어 각종 정신질환, 난치성 질병, 노화성 질병, 재활치료 등 많은 분야에 약물과 수술이 아닌 대체의학의 필요성이 점점 더 대두되고 있는 실정이다. 미국은 이미 국립보건원(NIH) 산하에 대체의학연구위원회를 두고 음악치료와 관련한 연구를 수행하는 등 대체의학으로서의 음악치료에 대한 지원을 지속해서 펼치고 있는데 우리나라에서도 하루속히 정부관계자들의 정책적 반영이 시급하다.

한국 민족은 오천년이라는 긴 세월 동안 수천번의 외세의 침략을 받았다고 역사가들은 말한다. 그런데 36년간의 일제 치하의 설움도 말로 다 할 수 없는데 이것도 잠시 뒤로하고 같은 민족끼리 6.25 전쟁의 아픔을 또 겪는다. 전쟁을 거치며 쑥대밭이 된 와중에도 약 70여년 만에 세계 최하위 경제에서 세계 상위 10위권의 경제대국까지 성장하게 된다. 그러나 겉으로 나타난 이러한 눈부신 결과와는 달리 21세기 한국인의 내면은 깊은 상처로 상당히 힘들어하고 있다. 경제적 부는 이루었지만 그 댓가로 수많은 심리적 부작용들이 나타나고 있다는 것이다. 각종 심인성 육체적 질병들, 심리적 문제들, 급격한 노인증가율, 자살률, 알코올 중독자, 교통사고 세계 1위, 각종 계층 간, 세대간, 지역간의 깊은 갈등, 상대적 빈곤감의 고통, 세계 최고수준의 이혼률 등이 그 증거들이다. 이 모든 것들은 한국 민족이 얼마나 힘들게 살아왔는지를 말해준다.

20여 년 전부터 시작된 한국의 음악치료 주요 치료 대상은 신체적 이상 혹은 정신병리적 환자들이 주를 이루었다. 하지만 앞으로의 음악치료는 환자는 물론 삶의 질을 높이려는 일반인들을 위해서도 더욱 많이 활용되어야 할 것이다. 이를 위해 정신분석과 정신역동에 근거한 정신분석적 심리치료, 대상 관계의 애착 이론을 배경으로 하는 심리치료, 인지·정서·행동치료를 위한 음악치료, 정태기박사의 치유상담학적 이론과 임상을 기반으로 한 정신보건학적 접근이 필요하다.

국내에 음악치료가 잘 알려지지 않았을 때 음악요법에 관한 도서가 나오면서 음악치료의 미래를 열어주는 촉매제 역할을 해 주었다. 현재는 음악치료에 관한 많은 도서가 나와 있다. 하지만 적지 않은 책들이 전문서적이라 일반인들은 소화하기 어려운게 사실이다. 이런 점에서 본 도서는 크게 세가지 부류의 사람들을 위해 제작되었다. 첫째, 음악치료에 관심이 있는 사람들, 그리고 현재 음악치료를 공부하고 있는 사람들, 마지막으로 음악치료사로 활동하고 있는 분들을 위한 핸드북으로 참고하는데 도움을 드리기 위해 쓰여졌다.

이 책은 전체 5부로 작성하였는데 1부에서는 음악치료의 국내·외 상황과 자격증 과정, 음악치료 모델과 기법, 프로그램, 악기에 대해 안내했다. 2부에서는 정신분석과 정신역동심리치료 음악치료, 음악치료의 꽃이라 불리우는 즉흥연주에 대해, 3부에서는 노래심리치료와 많이 활용되고 있는 노인음악치료에 대해 기술하였다. 4부에서는 환자를 위한 주제로 자폐증 환자, 지적장애 환자, 정신질환자를 위한 음악심리치료에 대해 기술했고, 마지막 5부에서는 일반 의료분야에서 수술 및 마취환자, 태교 및 임산부, 혼수상태 환자, 예방의학으로서의 음악심리치료, 호스피스 환자를 위한 음악치료이론에 관해 다루었다. 마지막으로 음악치료사가 계속적인 성장과 훈련에 반드시 필요한 슈퍼비전에 대한 내용을 본 도서에 담았다.

이 도서가 나오기까지 묵묵히 곁에서 지지해주고 도와준 사랑하는 아내에게 고마움을 전한다. 그리고 원고 교정을 위해 수고해주신 정종원 선생님, 한미경 선생님, 그리고 교정은 물론 도서 안에 넣어줄 그림까지 제공해주신 박명주 선생님, 그리고 이 책이 만들어지도록 동기를 불어넣어준 치유상담대학원대학교의 사랑하는 많은 제자분들에게 고마움을 전한다.

끝으로 지금까지 음악치료와 관련된 영역에서 일할 수 있도록 아낌없는 격려와 지지를 보내주신 치유상담대학원대학교 총장이신 정태기 박사님 내외분께 감사드리고, 특히 음악치료사 후진들을 위하여 열정을 다 하여 헌신하고 계시는 정해숙 박사님, 그리고 강단에서 음악치료 분야를 가르치고 임상현장에서 수고하시는 모든 분께 감사하며 이 분들의 앞날에 하나님의 축복이 함께 하시기를 빌면서.....

2020년 1월

치유상담대학원대학교 방배동 연구실에서
임종환

차례

1부
음악심리치료와 모델

후안 그리스 – 뮤지션의 테이블

제1장 음악치료와 음악치료사

음악치료(musical therapy)는 음악치료사(musical therapist)가 치료를 필요로 하는 치료대상자에게 음악을 듣게 하거나 적절한 연주 행동을 하게 하여 치료대상자의 신체적, 심리적, 정서적 통합과 바람직한 행동 변화를 가져오게 하는 것이다. 즉 음악적 행동으로 치료적 효과를 보게 하는 심리 치료법이다.

음악치료를 할 때는 먼저 치료프로그램을 시행할만한 치료적 환경이 필요하다. 이 치료적 환경은 치료대상자의 정서적 욕구를 표현하여 해소할 수 있도록 안전한 환경과 구조가 되어야 한다. 이러한 신뢰할만한 환경 안에서 치료사는 치료대상자가 고통스러운 정서를 표현하고, 자신을 되돌아보고, 안정감을 가질 수 있도록 돕고, 현실을 받아들일 수 있도록 도와야 한다.

1. 음악치료의 역사

음악치료의 시작은 현재 음악치료 단체 중 가장 규모가 큰 미국음악치료협회(American Music Therapy Association, AMTA)에서는 1789년으로 보고 있다.[1] 역사적으로 보면, 그리스 철학자 아리스토텔레스와 플라톤, 그리고 피타고라스의 기록에도 신체적, 심리적 상태를 치료하기 위하여 다양한 음악을 처방한 기록이 남아있다.[2] 성경에도 음악치료 기록들이 나오는데, 사울이 불안과 우울증에 빠졌을 때 그를 위해 다윗이 궁중 악사로 발탁되어 그의 우울증을 수금을 연주하여 치료하였다는 기록을 찾아볼 수 있다.[3]

> 하나님께서 부리시는 악령이 사울에게 이를 때에 다윗이 수금을 들고 와서 손으로 탄즉 사울이 상쾌하여 낫고 악령이 그에게서 떠나더라. (사무엘상, 16:23)

> And it happened that whenever the spirit of melancholy from God was upon Saul, David would take the lyre (harp) and play it. Saul would then feel relieved and the spirit of melancholy would depart from him (1 Samuel, 16:23).

이처럼 고대에도 음악을 치료로 이용한 사례를 찾아볼 수 있다. 그러나 본격적으로 음악을 치료에 이용하게 된 것은 20세기의 제 1차 세계대전과 제 2차 세계대전 때이다. 당시 전쟁에 참전한 미국 군인들은 육체적인 부상뿐만 아니라 정신적 충격과 트라우마를 경험하였다. 이들을 돕기 위해 아마추어 음악인들과 전문 음악인들이 군인들

---

1) American Music Therapy Association. History of Music Therapy.
   https://www.musictherapy.org/about/history/.
2) Ibid.
3) 사무엘상 제16장 23절.

이 입원한 병원을 방문하여 음악을 연주하였다.[4] 이때 치료대상자들이 겪은 음악적 경험은 의료진도 미처 예상치 못했던 긍정적인 결과를 낳게 되었다. 그러면서 의사와 간호사들이 군인들을 치료하기 위한 음악인들의 고용을 요청하기 시작하였다. 이를 계기로 음악의 치료적 효과가 새롭게 인식되고, 음악치료를 위해 음악을 체계적으로 이용할 수 있는 전문 인력에 대한 필요성이 대두되면서 음악치료사를 양성하기 시작하였다.

음악치료사는 치료대상자들이 음악적 경험을 통해 신체적, 정신적, 정서적, 사회적인 건강을 되찾을 수 있도록 돕는 사람이다. 그런데 치료 효과를 보기 위해서는 치료대상자의 상태에 따라 프로그램이 진행되어야 한다. 일차적으로 치료대상자를 의사로부터 진단을 받아 대상자의 신체적 장애와 질환 상태를 파악해야 한다. 그 후 질환을 교정하고 치유할 수 있도록 음악치료 계획을 수립하여 진행한다. 심리적인 문제 역시 정신과 의사의 진료나 전문상담가의 도움을 받아 치료계획을 세우기도 한다.

일반적으로 음악치료는 치료대상자와 음악을 듣거나 피아노, 오르간 등의 악기를 함께 연주하고 작곡하면서 치료적 행위는 시작된다. 이때 치료대상자의 음악적 표현을 끌어내 심리상태의 긍정적 변화를

---

4) American Music Therapy Association. History of Music Therapy.
   https://www.musictherapy.org/about/history/.

도모하는 것이다. 음악치료는 그 범위가 넓다. 음악치료사들이 활동하는 곳은 병원, 재활센터, 실버타운, 정신건강센터, 복지관, 특수학교, 요양원, 장애 기관 등으로 다양하다. 특히 단순히 약물 처방만으로 치료가 어려운 재활 분야에서 많이 이루어지고 있다. 정신과, 특수교육, 노인음악치료 등의 분야에서 장애아동이나 정신질환자, 치매노인, 불안증 환자 등이 음악치료의 대상이다. 치료사는 음악의 모든 기능과 정서 활용 활동으로 치료대상자가 자기를 자각하고 삶이 변화할 수 있도록 돕는 사람이다.

이렇게 음악치료사로 활동하기 위해서는 대학원에 진학하여 음악치료학 학위를 취득한 후 자격증을 취득하거나, 혹은 민간협회에서 음악치료 교육과정을 이수하고 민간 음악치료사 자격증을 취득해야 한다. 교육과정은 음악심리학, 음악치료학, 음악치료연구, 음악치료기술, 음악치료철학, 음악과 인간행동, 보컬싸이코테라피, 음악심상치료, 특수아동 심리학, 이상심리학, 발달심리학, 정신분석 관련 과목, 상담심리학 등 다양한 과목을 포함하고 있다. 대학원 음악치료 전공과 그 외 평생교육원이나 사회교육원 음악치료 교육과정의 차이는 이론과 실기의 비율인데, 일반 대학원은 학문의 심층 연구를 위한 과정이므로 이론의 비율이 높다. 과거에는 음악치료를 주로 보완요법으로 사용했으나, 최근 우울증 치료 등에 음악이 뛰어난 효과가 있다는 연구결과가 국내외에서 입증되고 있으므로 향후 주요 치료요법으로 활용될 것으로 전망된다.

2. 국내 음악치료 교육과 훈련

전문적인 음악치료사를 양성하기 위한 세계최초의 석사학위 과정은 University of Kansas에서 1944년에 시작되었다. 이후 다른 대학들의 학부와 대학원 석사과정에 음악치료가 생기기 시작했으며, 1953년 미국음악치료학회(NAMT)에서는 6개월 인턴십 과정을 더해 학부 학위에 기초한 최소 필수 교육을 도입했다. 현재 미국은 음악치료 학사, 석사 그리고 박사 학위 과정이 개설되어 있고 체계화된 양질의 교육 및 훈련과정을 통해 전문 음악치료사들을 배출하고 있다.

국내에는 1997년에 숙명여자대학교에서 최초로 대학원에 전문 음악치료사를 양성하기 위한 음악치료 과정이 개설되었다.[5] 전국음악치료사협회와 협약한 학교는 2019년 현재 전국에 총 13개의 음악치료 전공 개설 대학교와 대학원이 있다.[6] 이 가운데 3개 대학은 학사과정만 개설되어 있다. 음악치료 교과과정은 AMTA(미국 음악치료협회)의 교과 내용을 토대로 구성되어 있으며, 미국의 경우와 마찬가지로 학교마다 추구하는 이론적 원리와 모델 등의 특성에 따라 다른 행태를 갖는다. 국내 음악치료 대학원의 석사학위 교육과정은 일반적으

---

5) 윤미영. (2014). 한국 음악치료사 관련 자격증의 현황 및 외국 음악치료사 자격증 제도와의 비교 고찰. 성신여자대학교 대학원. 석사학위논문.

6) 가천대학교. 고신대학교. 대구예술대학교(U). 명지대학교. 성신여자대학교. 수원대학교. 숙명여자대학교. 이화여자대학교. 인제대학교. 전주대학교(U). 침례신학대학교(U). 평택대학교. 한세대학교. (U)가 표시된 대학은 학사과정만 개설되어 있음.

로 5학기 정규과정 동안 총 40~50학점을 이수해야 한다. 그리고 실제 임상 적용 기술 훈련을 목적으로 하는 음악치료 임상 실습과 6개월 또는 4개월의 인턴십이 포함된다.

음악치료는 이론적인 지식의 습득만이 아닌 현장에서의 치료를 위한 기술 습득을 목적으로 진행되므로 교육과정에서의 임상 실습은 굉장히 중요한 부분을 차지하고 있다. 음악 실습은 전문적인 음악치료사가 되기 위해 슈퍼바이지들이 음악을 도구로 활용하여 각 치료대상자의 필요(needs)를 파악하고, 필요를 충족하기 위해 음악으로 어떻게 개입하여 세션을 구성하고 구조화할 것인지 음악의 역할을 설정하고 이해하는 과정이다. 이를 연습하는 과정에서 슈퍼바이지들은 치료대상자의 비언어적, 언어적 반응에 적절하게 반응하는 방법을 이해하고, 음악으로 치료대상자의 행동을 강화하고 촉진하며 지지하거나 소거하는 등 적절한 개입과 중재하는 법을 학습하게 된다.

현재 국내에서 활동하고 있는 많은 음악치료사 중 학부에서 음악을 전공한 이들이 많은 편이다. 하지만, 음악치료사가 반드시 음악 관련 전공을 해야 하는 것이 아니며, 전공에 제한이 있는 것도 아니다. 그러나 기본적으로 음악치료사는 음악을 잘 사용할 줄 아는 음악적 능력이 있어야 하고, 사람에 대한 수용 능력이 있어야 한다. 음악적 능력은 꾸준하게 배우고 연습하며 부족한 부분을 채워갈 수 있지만, 인간의 삶을 성찰하고 분석할 수 있는 능력은 긴 시간이 필요한 부분이다. 음악치료는 사람을 직접 만나서 배운 것들을 적용하고 또 새롭게 발전시키는 임상 학문이다. 그렇기 때문에 사람의 삶에 관한 관심을 가지고 심리상태를 분석하는 능력이 있어야 한다. 그리고 음악적 순발력과 창조적인 능력을 발휘하는 부분도 필요한 부분 중 하나이다. 음악치료는 다학제적 접근이 필요한 학문이기 때문에 현재 전 세계에서 공통으로 심리학, 특수교육, 교육학, 간호학, 의학 등을 전공한 다양한 분야의 음악치료사가 활동하고 있다.

(1) 실습교육

음악치료 실습교육의 목적은 간단하게 네 가지로 설명할 수 있다. 첫째, 이론과 실습과의 교량 역할을 하며, 둘째, 실습과 실무에 대한 보조역할을 한다. 셋째, 음악치료현장에서의 효율성을 제공하고, 넷째, 교과과정을 통한 음악치료의 폭넓은 철학과 이론, 기법을 접하도록 하여 음악치료사로서의 충분한 기질함양을 제공한다.[7] 피터(Peters)[8]는 전문적인 음악치료사가 되기 위한 준비 과정은 수업에서 얻는 이론적 개념 그 이상을 포함한다고 하였다. 실제로 음악치료 실습교육은 예비 음악치료사가 전문성을 함양할 수 있도록 이론과 실제 임상의 내용을 포함하고 있다. 그에 대해 간단히 설명하자면 다음과 같다.

---

7) Kaiser, K. A. and Madsen, C. K. Pre-internship Fears of Music Therapists. Journal of Music Therapy. 36 (1). pp. 17-25. 1999.
8) Lathom-Radocy, W. Peters' music therapy: An introduction (3rd ed.). Springfield, IL: Charles C. Thomas. 2016.

음악치료 교육과정에 포함되는 수업과 실습교육의 경험들은 슈퍼바이지들의 치료에 임하는 태도와 전문성을 발전시킬 수 있도록 돕는다. 그중에서도 실습교육은 이론적 지식을 실제 현장에서 활용하는 기회를 제공하여 경험을 쌓게 하는 중요한 교과목이다. 구체적인 과목들로는 음악치료기술, 음악치료 임상기법, 음악심리치료, 즉흥연주, 보컬싸이코테라피, 음악치료 세미나, 고급 음악치료기법, 고급 즉흥연주기법, 그룹 음악치료, 음악분석개론 및 감상, 음악과 심상, 음악치료 임상 실습, 인턴십 등이 있다.

가장 먼저 음악치료기술은 음악치료 과정과 이에 포함되는 이론과 실제에 대해 알아보며, 음악치료 실제에서 이루어지는 개입과 기술들을 배우게 된다. 또한, 치료대상자에 따른 치료목표를 이해하고 이에 활용되는 음악요소의 치료적 논거를 숙지하게 되는 과정을 가진다. 다음으로 음악치료 임상기법에서는 음악 활동의 치료적 효과에 대해 배우면서 치료 대상에 따른 음악치료 목표에 부합하는 음악의 활용 방법, 접근, 기술 등을 탐색하고 실제 현장에서 어떻게 활용되는지 배울 수 있다. 음악치료가 이루어지는 현장과 대상에 따른 다양한 음악치료 기법을 살펴보면서 새로운 치료 논거 및 개념 중심의 음악치료 접근과 활동을 개발하는 과정을 가진다. 세 번째로 음악 심리치료는 다양한 음악치료의 철학적 논거와 이에 근거한 심리 치료적 접근에 대해서 배울 수 있다. 그리고 인간이 가진 여러 심리 정서적, 임상적 차원에서 음악의 사용과 기법에 대한 이론과 실제를 다루는 과정을 가진다.

즉흥연주는 음악치료에서 사용되는 즉흥연주에 대한 이론 및 기술을 학습하여 실제 음악치료 임상에 적용하는 것을 습득한다. 음악치료 세미나에서는 현장에서 활용할 수 있는 다양한 음악치료 자료와 콘텐츠를 연구하고 개발한다. 또한, 치료대상자마다 요구하는 필요(needs)와 목표에 따른 음악 요소별 기능을 이해하고 이를 적용하여 다양한 활동을 개발하는 과정을 가진다.

보컬싸이코테라피는 인간의 목소리 안에 내가 누구인지에 대한 많은 정보들(인격, 감정 상태, 감정적 봉쇄, 신체적 폐쇄, 신체적 편안함과 불편함 등)을 제공한다고 했다.[9] 우리가 성장하고 자기 자신이 되어감에 따라 목소리는 변화를 반영하는데 이 목소리를 통하여 지금, 여기(Here & Now)에서 치료대상자의 문제를 찾아 치료해 주는 것이다.[10] 미국의 음악치료사 오스틴(Austin)은 보컬싸이코테라피는 외상과 연관된 심리적 이슈를 직접 표현하도록 격려하며, 외상으로 인한 심리적 위축과 긴장감, 무기력한 부정적 에너지를 표출시키고, 참 자아와의 통합을 가져오는데 치료적 목표를 두고 치료하는 것이라고 했다.

다음으로 고급즉흥연주에서는 즉흥 음악치료를 통해 익힌 음악치

---

9) Austin, D., Vocal improvisation in analytically oriented music therapy with adults. In T. Wigram, J. De Backer (Eds.), Clinical applications of music therapy in psychiatry. London: Jessica Kingsley Publishers, 1999.
10) Ibid.

료 즉흥연주에 대한 이론 및 기술의 심화와 이를 활용한 임상적 즉흥연주기술을 실제 음악치료 임상에 적용하는 과정이다.

그룹 음악치료는 그룹 음악치료 프로그램에 참여하여 음악이 가지고 있는 음악 자체와 음악적 경험이 가지고 있는 치유적인 특성과 역동성을 직접 경험하는 과정을 공부한다. 음악분석 개론 및 감상은 음악의 형식 등을 이해하고, 음악 감상과 분석을 통해 창작할 수 있는 원리를 파악한다. 악곡을 구성하는 최소단위부터 멜로디 발전과 화성학을 익히고, 음악이론을 알게 하여 작곡하는 과정을 거치면서 음악치료의 음악사용에 접목시키는 방법을 배우는 것이다.

음악치료 임상실습은 음악치료전공 2학기부터 인턴 학기 전까지의 과정에 있는 학생들이 이수해야 하는 필수과목으로 다양한 실습대상자를 경험하면서 음악치료의 실제 임상 적용 기술을 훈련하는 과정이다. 이 과정을 이수하고 나면 인턴십을 통해 음악치료의 이론적 배경을 실제 임상현장에서 적용하면서 능력의 배양과 훈련을 한다. 이렇듯 다양한 실습 교과목을 이수하는 과정에서 슈퍼바이지들은 역량 있는 전문적 음악치료사가 되기 위한 다양한 지식, 기술, 태도를 얻는다.

3. 외국의 음악치료사와 자격증

(1) 미국

미국의 자격은 크게 '국가면허'(federal license), '민간자격'(private

certification), '공인민간자격'(accredited certification)으로 운영된다. 국가면허는 주정부나 연방정부 차원에서 법적으로 규정하는데 일반적으로 특정 전문직에 종사하기 위한 조건으로 엄격하게 적용되므로 업종보호와 직함보호를 한다. 민간자격은 자격검정을 민간 기구에 맡겨 시행하는 것으로 직함보호만 가능하다. 미국의 민간자격은 각 업종별 협회를 중심으로 발전되어 오다가 1977년부터 공인제도가 도입되었다.[11]

미국은 국립보건원(NIH) 산하에 대체의학연구위원회를 두고 음악치료와 관련한 연구를 수행하는 등 대체의학으로서의 음악치료에 대한 지원을 지속해서 펼치고 있다. 미국에서 현재 음악치료사로 활동하는 사람은 약 7,000명에 이르며, 이중 대형병원에서 활동하는 음악치료사들의 70% 이상이 소아청소년과 병동, 암 병동, 외래전담 분야에서 활동하고 있다.

미국은 미국음악치료협회(American Music Therapy Association)를 통해 1985년부터 국가공인 음악치료사 자격증(BC-MT)제도가 시행되고 있다. 그리고 임상적인 면에서 일관성 있는 음악치료를 수행하기 위해 교육과정 및 훈련내용을 규정하고 있다. 이에 따라 음악치료사로 활동하기 위해서는 공인 음악치료사 시험에 합격하여 자격(MT-BC certification)을 취득해야 한다. 대학교의 음악치료 학과에

---

11) 윤미영. "한국 음악치료사 관련 자격증의 현황 및 외국 음악치료사 자격증 제도와의 비교 고찰". 성신여자대학교 대학원 석사학위논문. 2014.

서 60학점 이상을 이수하고 1,200시간 이상 병원에서 임상 과정을 거치면 음악치료사 자격시험에 응시할 수 있다. 취득한 자격은 5년마다 갱신해야 한다. 약 70여 개의 대학교가 음악치료 학과를 운영하고 있으며, 특수한 치료기법이나 환자 연구, 관리 등을 위해 대학원에 석·박사 과정도 운영 중이다. 해당 학과에서는 음악이론, 치료기법, 생물학, 심리학, 인간발달학 등의 과목을 공부하며 임상 실습, 인턴십 과정도 포함하고 있다. 약 75%의 음악치료사가 대학교에서 관련된 교육을 마치고 음악치료사로 활동하고 있으며 석·박사 이상의 교육을 수료한 음악치료사는 24% 수준이다.

(2) 영국

영국은 1970년대에 들어오면서부터 음악치료사를 훈련시키는 공식적인 훈련과정이 정립되면서 꾸준히 음악치료사를 배출해 오고 있고, 전국 각지에 음악치료사가 현장에 널리 퍼져 일하고 있다. 영국은 미국의 음악치료 방법에 기초한 이론적 바탕 위에 영국의 독특한 접근방법과 기법을 접목하였다. 한 예로는 영국의 음악치료사 중에는 오페라와 관련된 음악을 이용하여 환자가 여러 타악기를 연주하도록 하는 방법을 치료에 이용하는 음악치료사가 많은 편이다. 이들은 현대적인 리듬 밴드보다는 19세기 오페라를 주로 활용한다. 이들은 음악치료에 행동과학적인 이론에 기초하며, 역동력을 중시한다.

영국에서는 음악치료에 관한 학술적 연구가 꾸준히 계속되어 왔는데, 영국에서는 여러 음악치료사가 공동으로 연구하는 성향의 팀워

크가 활발하다. 이들은 매년 정기적으로 학술대회를 개최하고 있으며, 새로운 이론 개발은 물론이고 음악치료와 관련된 도서 출판, 간행물, 유튜브 등도 활발히 제작하고 있다.

(3) 독일

독일의 음악치료사 양성 과정을 보면 1971년에 독일음악치료회(German Congresses of Music Therapy)가 설립되었고, 1973년에는 독일음악치료학회(German Society for Music Therapy)가 설립되면서 본격화 되었다. 현재 독일에는 7개의 음악치료학과 프로그램을 가지고 있는데, 이는 평균 4학기에서 6학기에 이르는 과정으로 되어 있다.

독일의 음악치료 과정은 음악치료의 기본 이론과 함께 의학과 밀접한 관계를 맺고 있으며, 독일문화에 맞는 적용방법을 개발하여 실시해 오고 있다.

(4) 프랑스

프랑스음악치료연합(la Fédération Française de Musicothérapie: FFM)[12]은 6개 대학 및 음악치료 훈련 센터가 모여 만든 것으로 국가공인기관이다. 프랑스는 자격 명칭에 'Musicothérapeute'를 사용하고, 자격 취득 요건에는 '음악치료학 학사' 학위만 있으며, 교육 시간이나 임상실습 시간, 자격검정, 자격갱신 요건은 따로 제시하지 않고 있다.

---

12) Fédération Française de Musicothérapie (FFM). (n.d.). Status et rè glement intérieur. www.musicotherapie-federationfrancaise.com.

다만 프랑스음악치료연맹 회원이 되기 위한 조건으로 이론 교육과 임상 350시간과 전문 영역에서의 이론교육과 임상 200시간을 입증하는 신청서 제출을 제시하고 있다.[13]

(5) 일본

아시아의 대표적인 사례로 일본을 소개하고자 한다. 아시아 지역에서는 일본이 상대적으로 음악치료사 교육제도가 발달해 있지만, 일본 역시 아직 국가공인 자격증제도는 없다. 메이지·다이쇼 시대까지의 음악은 주술사들과 의술사들에 의해 질병을 치료하는 수단으로 이용되었다고 알려져 있다. 근대음악치료의 도입은 1950년대에 들어와서이다. 1960년대 중반까지 해외 문헌 소개 및 외국 음악치료사들의 일본 방문에 의한 음악치료 강연회 등은 일본에서 음악치료가 발전하는 계기가 되었다. 이후 1980년대 중반까지 더 활발한 음악치료의 임상에의 적용, 영역 확장 등의 성과가 있었다. 1980년대 중반 이후는 음악치료 관련 단체가 설립되고, 1990년경부터는 해외, 특히 미국에서 공부하고 귀국한 음악치료 실무자 및 연구자들의 활약에 의해 음악치료가 활발해져 의료기관 및 재활, 지적장애아를 위한 복지기관, 노인, 교육기관까지 확장되어 현재에 이르고 있다.

일본에는 음악치료를 위한 일본학회(Janpan Society for the Study

---

13) 윤미영. "한국 음악치료사 관련 자격증의 현황 및 외국 음악치료사 자격증 제도와의 비교 고찰". 성신여자대학교 대학원 석사학위논문, 2014.

of Music Therapy)와 일본음악심리 및 요법협회(Japanese Association of Music Psychology and Therapy)와 그 밖의 20여개의 군소 협회들이 제각기의 이름을 내걸고 활동을 하고 있다. 일본에서는 "음악치료(Music Therapy)"를 "음악요법(音樂療法)"으로 표기하고 있으며, 내용면에서도 치료 목적과 객관적인 데이터에 의한 행동과학적인 음악치료보다는 음악의 힘으로 어떤 효과를 가져다주는 요법적인 면으로 연구가 이루어지고 있다.

일본은 활발한 출판물과 학술활동이 있음에도 불구하고 음악치료가 학교에 널리 보급되지 못하고 있으며, 음악치료사를 규정하는 공인 자격제도가 없다. 단지 몇몇 대학에서 음악치료 이론을 가르치는 과목이 개설되어 있을 뿐이다. 위에서 언급한 음악치료를 위한 일본학회와 일본음악 심리 및 요법협회가 음악치료 전문가 양성을 위한 교육과정 개발 및 음악치료사의 국가자격증제 도입 등을 적극적으로 추진하고 있다.

참고 문헌

버나드 라운, 「치유의 예술을 찾아서」 서정돈, 이희원 옮김. 서울: 몸과 마음, 2003.

윤미영. "한국 음악치료사 관련 자격증의 현황 및 외국 음악치료사 자격증 제도와의 비교 고찰". 성신여자대학교 대학원 석사학위논문, 2014.

최병철. 「음악치료학」 서울: 학지사, 2014.

American Music Therapy Association. History of Music Therapy. https://www.musictherapy.org/about/history/.

Austin, D. Vocal improvisation in analytically oriented music therapy with adults. In T. Wigram, J. De Backer (Eds.), Clinical applications of music therapy in psychiatry. London: Jessica Kingsley Publishers, 1999.

Fédération Française de Musicothérapie (FFM). (n.d.). Status et r è glement intérieur. www.musicotherapie-federationfrancaise.com.

Kaiser, K. A. and Madsen, C. K. Pre-internship Fears of Music Therapists. Journal of Music Therapy. 36 (1). pp. 17-25, 1999.

Lathom-Radocy, W. Peters' music therapy: An introduction (3rd ed.). Springfield, IL: Charles C Thomas, 2016.

박명주 – 사랑, 그곳에서

제2장 음악치료 모델과 프로그램

1. 음악치료

음악치료는 음악을 이용하여 치료대상자들의 신체, 심리, 사회, 영적인 면까지 아우르는 치료이다. 그리하여 심신의 건강을 오랜 시간 유지할 수 있도록 하는 데 힘을 쏟는 것이다. 특히 신체적, 심리적으로 심한 고통을 받는 이들에게 고통을 줄이고 안정감을 되찾을 수 있도록 돕는 데 많이 이용되고 있다. 따라서 정신질환, 발달 장애, 치매, 알코올이나 약물중독, 급·만성 통증, 신체장애, 스트레스, 신경증 등으로 고통을 받는 사람을 대상으로 많이 활용되고 있다.

음악치료에는 다양한 모델과 프로그램이 존재하는데, 대표적으로 보니 모델(Bonny Model GIM), 노도프 로빈스(Nordoff-Robbins)의 창조적 음악치료, 프리스틀리(Priestley)의 분석적 음악치료, 오르프 모델(Orff Model) 즉흥연주 등이 있다.

일반적으로 정신적 치료를 위한 음악치료에는 조정적 음악치료 (Regulative Music-therapy: RMT)가 많이 적용된다. 이는 독일의 슈바베(C. Schwabe)가 불안 관련 신경증 치료를 위해 개발한 것으로 이완 요법, 요가, 선 등의 영향을 받았다. 훈련을 목적으로 하는 음악치료에서는 이미지 유도법(Guided Imagery and Music)을 많이 사용한다. 이는 심상치료와 음악을 함께 적용한 것이다. 이외에도 기악이나 성악, 즉흥연주 등을 사용하는 치료대상자 참여적인 음악치료 기법도 있다.

이렇듯 목적이나 기법에 따라 음악치료를 구분하는 방법이 있는 반면, 음악치료를 시행할 때 인원을 기준으로 개별음악치료와 그룹음악치료로 분류한다. 혹은 치료대상자의 참여 여부를 기준으로 '수동적' 청취 기반 접근방식과 악기 연주에 기초한 '능동적' 접근방식을 기반으로 구분하기도 한다.

수동적인 음악치료에는 '이완(relaxation)'요법을 이용한 것이 있다. 불안이나 우울, 인지장애 치료 등에 자주 활용되고 있으며,[14] 사전에 녹음된 음악을 청취하는 방법도 있다.[15] 능동적인 음악치료는 치료대상자가 어떠한 방식으로든 음악연주에 직접 참여하는 것을 유도하는 접근방식이다. 이렇게 다양한 방법을 이용하는 것은 치료대상자의 상태가 모두 건강한 일반적인 사람들과 같지 않으므로 상황에 따라 달리 처방해야 하기 때문이다. 음악치료는 체계적인 행위로 치료목표와 계획을 설정하고 그에 따른 활동을 목표 지향적으로 행해야 한다. 음악치료가 음악교육이나 음악을 매개로 하는 다른 레크리에이션과 차별을 두는 이유가 여기에 있다.

---

14) Guetin, S., et al., "Effect of Music Therapy on Anxiety and Depression in Patients with Alzheimer's Type Dementia: Randomised, Controlled Study," Dementia and Geriatric Disorder 28(1), 36-46.

15) ibid.

2. 음악치료의 종류와 방법

(1) 심상유도 음악치료(Guided Imagery and Music, 보니 모델)

심상유노 음악치료는 음악치료사인 헬렌 보니(Helen Bonny)가 고안한 치료법이다. 이는 정신 내적인 마음 탐색하는 도구로 가장 적합한 것을 음악으로 보고 고안해낸 방법이다. 이는 인간 내면에 관한 관점을 일깨워 그 의미와 의식적 행위에 연관시키는 고대의 명상법을 함께 사용한다. 심상유도 음악치료는 개인, 학교, 기관, 보호, 호스피스, 심신질환, 정신건강 등 매우 다양한 분야에서 긍정적인 효과를 내고 있으며, 크리스 브루어(Chris Brewer)는 'Rhythms of Healing'(치유의 리듬)이라는 워크숍을 진행하여 전문성 확보에 힘쓰고 있다.

심상유도 음악치료에서는 정해진 형식이나 지도안을 쓰지 않는다. 개인의 경험에서 비롯되는 심상을 상황에 맞추어 활용한다. 이때 음악과 노련한 심상유도를 통해서 치료과정을 진행한다. 주로 클래식 음악을 사용하여 치료대상자가 의식상태를 넘어서서 깊이 있는 정신 내적 수준까지 탐색한다. 그리하여 카타르시스(Catharsis, 정화), 내면 성찰, 창조적 교류, 안전감, 자신과 만남 등을 체험하도록 한다. 클래식 음악을 많이 사용하는 것은 음악이 획일적이거나 제한적이지 않으므로 치료대상자의 상상력에 한계를 긋지 않기 때문이다. 그러나 심상유도 음악치료를 사용할 때 너무 널리 알려진 클래식 음악을 사용하면 좋지 않다. 사람들이 자신의 내부에서 유도되는 이미지를 갖는 게 중요하기에 그렇다. 널리 알려진 클래식은 연주되는 모습이나 연주가에 대한 고정된 이미지에서 벗어나지 못할 수가 있기 때문이다. 따라서 아주 유명한 음악은 가능한 한 피하는게 좋다. 음악 자체가 그 사람의 내부세계를 자유롭게 유도할 수 있도록 하는 것이 중요하다.

심상유도 음악치료는 개인적으로 시행할 때 가장 효과적이지만 집단에서도 시행할 수 있다. 음악치료사는 치료대상자와의 신뢰감을 형성하는 것이 가장 중요하다. 치료대상자 역시 자기 내면의 깊은 세계를 열어 음악치료사와 함께 경험하는 것이 중요하다. 심상유도 음악치료는 음악치료사의 인도에 따르는 인간 내면으로의 여행이라고도 말할 수 있다. 이를 통해 치료대상자의 관계개선, 진로, 건강 문제, 스트레스 관련 문제, 불안, 상실 및 애도 문제, 우울, 중독, 성적 학대, 인생목표 설계 등에 긍정적인 영향을 기대할 수 있다. 그러나 이 방법을 사용할 때에는 심각한 정신적 장애를 앓고 있는 사람에게는 권하지 않는 것이 원칙이다.

(2) 창조적 음악치료(Creative Music Therapy, Nordoff-Robbins Model)

창조적 음악치료는 폴 노도프(Paul Nordoff)와 클라이브 로빈스(Clive Robbins)가 개발한 개별 및 집단 치료에 즉흥연주를 이용한 치료법이다. 노도프-로빈스(Nordoff-Robbins) 음악치료는 치료 경험을 성취하기 위하여 <즉흥연주의 창조적 과정>과 관련한 능동적 접근방식에 기초를 두고 있다.[16] 또한, 모든 인간 안에는 개인적 성숙과 발달을 위하여 활성화될 수 있는 <내재된 음악성>이 존재한다는 믿

음에서 기초한다. 노도프와 로빈스(Nordoff-Robbins)는 다양한 손상과 문제를 가진 장애아동들을 대상으로 많은 치료와 임상 연구를 통해 음악적 기법과 자료를 개발하였다. 그리하여 1975년 런던에 노도프-로빈스(Nordoff-Robbins) 음악치료 센터를 설립하면서 노도프-로빈스(Nordoff-Robbins) 음악치료 접근법을 적용하기 시작하였다. 창조적 음악치료는 아동을 위해 개발되었으나, 최근 성인들에게도 효과적인 것으로 밝혀졌다. 아동을 위해 개발되었기 때문에 치료대상자는 반드시 언어적, 혹은 음악적 능력을 가질 필요가 없으며 기능이나 연령에서 어떤 수준에 해당하더라도 상관없이 적용이 가능하다.

창조적 음악치료의 전반적 목표는 자유로운 표현, 의사소통, 상호반응성을 개발하는 동시에 병적인 행동을 제거하고 더 강하고 풍요한 성격을 구축하는 것이다. 창조적 음악치료는 인지학과 인본주의 심리학의 원리에 근거한 음악 철학에 그 뿌리를 두고 있다. 창조적 음악치료는 두 명의 치료사가 팀이 되어 진행한다. 한 사람은 피아노에서 치료대상자와 음악적 경험을 해 가고 다른 치료사는 치료대상자를 도와 즉흥연주와 피아노에서 유도하는 치료사에 반응하도록 도와준다. 이러한 과정을 통해 치료대상자로 하여금 자신의 내면에 있는 감정이나 상태를 음악적으로 표현하도록 치료사가 유도를 한다. 성악과 기악에 대한 반응을 불러일으키고, 음악적 기술을 자유롭게 표

---

16) Kenneth Aigen, 「노도프-로빈스 음악치료 초기사례연구」 김영신, 김동민 공역. 서울: 학지사, 1998.

현하고, 커뮤니케이션을 발달시키도록 하는 것이다.

(3) 분석적 음악치료(Analytical Music Therapy, Priestly Model)

분석적 음악치료는 1970년 초반에 영국에서 프리슬리(Priestly)와 두 동료가 개발한 즉흥연주 모델로서, 프리슬리 모델(Priestly model)이라고도 한다. 분석적 음악치료는 치료대상자와 치료사가 치료대상자의 내면을 연구하고 내면성장을 위해 언어와 상징적인 음악 즉흥창작을 사용하는 방법이다. 이 분석적 음악치료는 성인을 대상으로 다양한 심리 장애를 치료하는 데 사용되고 있다. 1인, 2인, 그룹으로 진행할 수 있으나 일반적으로 개별 치료가 가장 효과적인 것으로 많이 시행되고 있다. 분석적 음악치료의 주된 목표는 치료대상자가 자신의 목표를 달성하는 데 있어 방해되는 장애물을 제거하여 안정적으로 나아갈 수 있도록 하는 것이다. 이는 무의식적 소재에의 접근, 통찰력 획득, 방어적 에너지의 해방과 긍정적 목표의 방향으로의 재조정, 균형과 창조성의 개발 등이 관련되어 있다.

치료사는 치료대상자가 내면세계를 표현하는 방법으로 단어나 즉흥연주를 사용할 수 있도록 환경을 조성한다. 즉흥연주를 통해 상징화된 내면의 이야기를 치료사가 듣고 함께 토의하며 치료를 진행한다. 이러한 과정은 네 가지로 구분할 수 있다. 우선 감정적인 조사를 통해 필요한 이슈를 확인하고 즉흥연주를 위한 타이틀을 만든다. 그후 즉흥적 역할을 치료사와 치료대상자가 정한다. 치료대상자와 치료사가 타이틀에 맞춰 즉흥연주를 한다. 연주가 끝나면 이에 대해 토의하면서 마무리한다. 이때 치료사는 정신분석 치료와 분석적 음악 치료에의 충분한 훈련과 경험이 있어야 한다.

(4) 실험적즉흥연주(Experimental Improvisation Therapy, Riordan-Bruscia Model)

리오르단-브루샤(Riordan - Bruscia) 모델은 앤 리오르단이 1972년에 개발한 '실험적 즉흥연주'에서 시작한 것이다. 본래는 장애인들의 창의력, 자기 표현력, 대인관계 기술의 개발을 돕기 위해 춤을 사용하는 방법으로 고안되었다. 그러나, 후에 케니 브루샤에 의해 음악치료에도 적용되었으며 6년간의 공동 작업 후에 통합 접근방식이 개발되었다.

실험적 즉흥연주는 정상인 집단뿐 아니라, 다양한 장애인 성인과 어린이를 대상으로 사용되고 있다. 리오르단 브루시아(Riordan - Bruscia) 모델은 일반적으로 집단을 대상으로 실시하는 것이었다. 집단 내에서의 개인적인 자기표현, 개인 상호 간의 자유와 책임, 창의성의 발전에 우선순위를 두고 있다. 치료대상자들은 기악, 소리, 몸동작 등 개인의 음악적 경험이나 표현을 집단 내 사람들과 공유하는데, 이 과정을 통해 치료 효과를 기대할 수 있다. 특별히 나이 제한을 두고 있지는 않다. 하지만 리더의 간단한 지침을 따르거나 음악이나 춤으로 리더를 모방하는 능력이 있어야 가능하다.

실험적 즉흥연주에서의 치료자의 역할은 치료자가 그룹의 일원으로 혹은 그룹의 밖에서 돕는 다른 사람으로 두기도 한다. 시행할 때에는 자유로운 연주의 과정을 가지거나, 치료사가 어떤 제시를 하면 그룹이 그 주제적 생각이 형성될 때까지 즉흥연주를 하도록 한다. 몇 가지 주제가 분명해지고 또 서로 연결될 때까지 그룹은 매번의 경험을 이야기하고 또 피차 반응한다.

(5) 오르프-슐웍 치료법(Orff-Schulwerk Improvisation Therapy, Orff, Bitcon, Lehrer-Carle Model)

오르프-슐웍(Orff Schulwerk)은 간략히 오르프 치료법(Orff Approach)라고도 한다.[17] "슐웍(Schulwerk)"은 독일어로 '학업' 혹은 '학교 교육'이라는 뜻으로, 칼 오르프는 아이들의 학습 능력을 향상하기 위해 음악을 사용하고자 하였다.

칼 오르프(Carl Orff)가 교육을 위해 설계했던 오르프-슐웍(Orff-Schulwerk) 치료법은 현재 음악치료에 널리 사용되고 있다.[18] 오르프-슐웍(Orff-Schulwerk) 치료법은 어린이와 청소년, 어른, 노인들을 대상으로 사용된다. 특히 특수아동에게 음악교육을 실시하는데 많이 활용하고 있다.

오르프-슐웍(Orff-Schulwerk)치료법의 목적은 치료대상자가 사회적, 물질적 세계 안에서 자아를 충분히 경험할 수 있도록 돕고, 정체성을 개발하며, 창의력과 유희성, 그리고 즉흥성과 같은 자질을 개발하도록 돕는 것이다.[19] 이 치료법은 치료대상자가 타인과의 상호관계

---

17) 요스 와이택, 「오르프 슐베르크 테크닉의 이해」 김영전 역. 서울: 음악세계, 2008.
18) American Orff-Schulwerk Asscociation.

를 향상할 수 있는 효과를 기대할 수 있다. 오르프 즉흥연주는 치료사가 제시하는 조그마한 아이디어로 시작하여 즉흥연주를 하도록 유도하는 것이다. 대개 결과는 대단한 진전으로 나타난다. 이러한 성공적인 경험을 통해 치료대상자들이 긍정적인 경험을 갖고 서로 감정을 주고받으면서 상호관계를 발전시켜나가게 된다.

(6) 관련적 음악치료(Referential music therapy)

관련적 음악치료는 음악치료를 사회적 관점에서 보는 입장에서 하는 음악치료로 음악을 매개로 한 치료사, 치료대상자, 집단구성원들 간의 교류를 통한 관계 확립, 혹은 관계의 재확립을 중시한다. 또한 관련적 음악치료는 예술작품을 볼 때 작품 자체의 미학적 측면을 중시하여 작품 외적인 사물이나 조건의 관련성에서 그 작품의 가치를 찾고자 하는 자세인 관련주의를 바탕으로 한다.

관련주의자들은 음악치료가 음악이 지닌 언어적 성격을 기반으로 작품 외적 경험을 하게 하여 인간 내면의 변화를 도출할 수 있다는 견해를 밝히고 있다. 게스톤(Gaston)은 주로 집단 중심의 활동으로 진행되는 음악치료에서 집단참여자들의 관계 형성이 음악을 통해 음악 외적 경험을 가능하게 한다고 보았다. 그리고 집단 안에서 상호 역동이 활발하게 일어나도록 안전한 환경을 조성하는 것이 중요하다고

---

19) Thomas, Judith. (1980). "Orff-Based Improvisation". Music Educators Journal. 66 (5): pp. 58-61

생각하였다. 또한, 음악이 가진 언어적 성격이 치료대상자의 감정표현을 자유롭게 할 수 있도록 도와주고 정서적 공유가 가능하다고 본 것이다. 그뿐만 아니라 음악을 통한 자아 성찰이 정서와 행동수정과 같은 효과를 기대할 수도 있다는 것이다.

개스톤(Gaston)은 음악으로 표현되는 정서에 미치는 문화적 배경의 영향에 주목했다. 그리고 이러한 사상을 바탕으로 음악이 치료를 촉진하는 원리로 상호관계성 확립 및 재확립, 자기성찰을 통한 자긍심 조성, 에너지 및 질서를 끌어내는 독특한 리듬의 잠재적 역할 등을 주장했다. 관련주의 음악치료는 이러한 개스톤(Gaston)의 사상이 반영된 음악치료이다. 즉 집단 안에서 구성원들이 치료사 및 다른 집단 내 구성원들과의 관계 형성과정을 거치면서 음악의 모호성을 바탕으로 정서와 감정을 배출하는 것을 중심으로 진행되는 치료법이다.

(7) 신경학적 음악치료(Neurological Music Therapy)

신경학적 음악치료(NMT)는 미국 콜로라도 주립대학 내 생의학적 음악연구소의 마이클 타우트(Michael Thaut) 박사와 그의 동료들이 개발한 치료법이다. 타우트 박사는 신경학적 음악치료를 "인간 신경계의 신경학적 질병으로 인한 인지적, 감각적, 그리고 운동 기능장애에 대한 음악의 치료적 적응"[20]이라고 정의하고 있다. 즉, 신경학적 음악치료는 신경과학을 기반으로 음악이 인식과 생산, 두뇌와 행동의

---

20) Thaut, 1999.

기능에 미치는 영향을 고려하여 개발되었다.

이 치료법은 신경 재활, 신경소아과 치료, 신경 노인치료, 신경 발달 치료에서의 감각 운동 훈련, 말 훈련, 인지 훈련을 위한 표준화된 임상적 기술 연구에 기초한 시스템으로 구성되어 있다. 현재 신경학적 음악치료가 가장 활발히 진행되고 있는 분야는 리듬·청각 자극(Rhythmic Auditory Stimulation, 혹은 RAS)부분이다. 현재 임상 활동을 위한 연구도 다양한 집단을 대상으로 진행되고 있다. 신경학적 음악치료는 음악을 활용하였을 때 뇌를 변화하고 발달시키며, 음악에 맞춰 발을 두드리는 것과 같은 운동 반응 훈련에도 영향을 미친다. 아울러 그에 따라 운동 기술 개발에 사용될 수도 있다.

(8) 달크로즈 시스템(Dalcroze system)

여러 음악교육치료접근법 중 달크로즈 기법은 세 가지 요소로 구성된다. 신체 동작을 통하여 리듬감을 체득하는 유리드믹스(eurhythmics), 음을 예민하게 듣는 연습인 솔페이즈(solfage), 자연스러운 창작능력 계발을 위한 즉흥연주(improvisation), 이렇게 세 가지 요소가 연계되어 교육이 이루어지며, 상호보완적으로 병행하여 사용한다.[21]

달크로즈는 오스트리아 음악가로 제네바 컨서바토리에서 교수로 재직했다. 그러면서 화성학과 솔페이즈 교육을 지도할 때 학생들이 이론과 실제 연주의 연관성을 갖지 못하는 것을 문제점으로 인식하

---

21) Darrow, A. 「음악치료 접근법」 김영신 역. 서울: 학지사, 2004.

고 이에 대한 해결책으로 자신의 리듬활동 시스템을 발전시키기 시작한 것이다.

달크로즈 시스템은 학생들에게 음악을 가르칠 때 사용하는 방법이다. 음악적 리듬의 경과를 신체 운동에 적용하면서 치료의 한 형태로 사용하는 것이다. 달크로즈가 개발한 이 방법은 학습 과정에서의 리듬, 구조, 움직임의 표현에 초점을 맞춘다. 이 방법은 신체 인식 향상에 적합하므로 운동장애가 있는 치료대상자들을 크게 돕는다. 달크로즈 음악활동에서는 촉각, 운동감각, 청각, 시각을 통해 음악을 배운다.[22]

유리드믹스 음악활동 프로그램의 경우는 정신지체아의 주의를 집중하는 지속 시간과 주의 집중 행동변화에 유의한 효과가 있다[23]는 것과 지적장애유아의 주의집중력과 자기표현력 향상에 효과가 있음[24]이 보고 되었다. 그러므로 달크로즈 음악치료 프로그램은 유아의 주의집중력을 향상시킬 수 있는 효과적인 중재도구가 될 수 있다.[25]

---

22) 정현주. 「음악치료학의 이해와 적용」 이화여자대학교출판부, 2005.
23) 배주희. "유리드믹스 음악 활동이 중학부 정신지체아의 주의집중력에 미치는 효과". 대구대학교 대학원 석사학위논문, 2011.
24) 양정희. "달크로즈 음악활동이 지적장애아의 주의집중과 자기 표현력에 미치는 영향". 용인대학교 교육대학원 석사학위논문, 2009.
25) 한주연. "달크로즈 음악치료 프로그램이 주의력 결핍 유아의 주의집중력 증진에 미치는 효과". 가천대학교 석사학위논문, pp. 1-4, 2014.

3. 음악치료 기법

음악치료는 다양한 기법을 사용할 수 있으나, 치료대상자의 나이나 인식 수준, 신체적인 능력, 언어 능력 등을 고려하여 상황에 맞게 선택해야 한다. 다음과 같은 기법들은 다양한 상황에서 참고할 방법들이 될 것이다.

(1) 드러밍하기

(2) 라이브 또는 녹음된 음악 듣기

(3) 진행성 근육 이완 또는 심호흡과 같은 음악 보조 이완 기술을 배우기

(4) 라이브 또는 녹음된 반주로 친숙한 노래 부르기

(5) 손 타악기 등 악기 연주

(6) 음성 도구에서 음악 개선하기

(7) 노래 가사 쓰기

(8) 새 노래에 대한 음악 쓰기

(9) 피아노나 기타와 같은 악기를 연주하는 것

(10) 음악으로 예술 창작하기

(11) 라이브 또는 레코딩 된 음악에 맞춰 춤 또는 이동하기

(12) 음악 안무 작사하기

(13) 특정 노래나 즉흥곡에 첨부된 감정적 반응이나 의미에 관해 토론하기

4. 음악치료 악기

음악치료에 사용할 수 있는 악기는 굉장히 다양하다. 가장 먼저 생각해볼 수 있는 것은 신체를 이용한 연주다. 노래는 물론 손뼉을 치거나, 발을 구르는 등 신체를 이용할 때는 악기를 따로 준비하지 않아도 되며, 더불어 신체를 자극하여 활성화시키는 효과를 기대할 수 있다.

관악기는 호흡 기능을 개선한다는 장점이 있지만, 음악치료에서 주로 활용되는 악기는 타악기이다. 막대로 두드리거나 흔들어 소리를 냄으로써 손쉽게 시도할 수 있다. 또한 음정의 실패를 신경 쓰지 않아도 되고 리듬감에 집중할 수 있기 때문이다. 또한, 집단으로 구성하여 합주 등을 할 때 핸드벨이나 캐스터네츠, 마라카스, 탬버린 등은 손쉽고 효과적인 합주를 만들어낼 수 있는 악기다.

음악치료에 많이 쓰이는 악기에 대하여 나열하자면 다음과 같다.

첫째, 드럼과 북 종류다. 작은 북, 봉고, 한국 전통 북, 소고, 중국 북, 손북, 인도 드럼, 태국 민속 드럼, 오션 드럼, 젬베, 로그 드럼, 패들 드럼 등이 있다. 북은 치료대상자가 손쉽게 칠 수 있는 장점이 있다. 특히 한국 고유의 악기인 소고와 북, 장구가 여기에 해당하는 것으로 국악을 이용한 음악치료에도 활용이 가능하다.

둘째, 실로폰과 같이 음계 순으로 나열된 타악기이다. 차임벨, 실로폰, 메탈로폰, 핸드 실로폰, 투톤블럭, 5음 우드블럭, 피콜로 우드블럭 등이 있다. 음계의 변화를 직접 느껴보고 치면서 다양한 소리를 들어볼 수 있다는 장점이 있다. 피아노와 같은 건반 악기에 비하여 다루기

쉽고 비교적 가벼워 휴대성이 좋다.

셋째, 흔들거나 쳐서 단일 소리를 내는 악기다. 여기에는 캐스터네츠, 치키타스, 마라카스, 트라이앵글, 탬버린, 에그 쉐이크, 과일 쉐이크, 심벌, 우든 프로그, 핸드벨, 톤차임, 붐훼이커, 우드스틱 벨 등이 포함된다. 여기서 주목할 점은 악기 하나가 단일 소리를 내지만, 음계 별로 있어 이들을 함께 연주하면 통일된 악기의 소리를 낼 수 있다는 점이다. 특히 핸드벨이나 톤차임, 붐훼이커, 우든 프로그가 이러한 특징이 뚜렷하게 보인다. 이들 악기는 집단으로 구성된 음악치료 프로그램에서 합주에 가장 효과적으로 쓰일 수 있다. 합주를 할 때는 한 가지 종류의 악기를 음계(크기)별로 각자 하나씩 연주하도록 한다. 손쉽게 흔들기만 하면 되는 악기로 하나의 연주를 만들어가는 과정에서 치료대상자들은 소속감과 성취감을 느낄 수 있게 된다.

그 밖에도 사용할 수 있는 악기는 리코더나 귀로, 기타, 징, 옴니코드, 레인스틱, 위시보드, 오카리나 등이 있다.

음악치료사협회에서는 악기 선택에 있어서 음악치료사들의 선호에 따르도록 권하고 있다. 하지만 치료의 도구로써 치료대상자의 요구와 목표에 따라 선택되어야 한다. 그중에서 음악치료사들이 선호하는 악기가 있는데, 뮤지크(Muzique)[26]가 추천하는 가장 효과적인 것으로 입증된 세 가지 악기는 다음과 같다.

---

26) Muzique is a company promoting creative art experience.

(1) 젬베(djembe)

음악치료사가 가장 선호하는 악기 중 하나는 젬베, 즉 손북이다.

Djembe, Jembe, Jembei 등 발음이나 표기에 몇가지 차이는 있으나 대체로 Djembe 로 많이 표기된다. 다른 표기 방식이 틀린 것은 아니고 지역에 따라 조금씩 차이가 난다. 13세기 무렵 서아프리카의 기니와 말리 지역에서 유래된 전통 타악기로 절구통 모양의 몸통과 맨 위는 염소가죽으로 헤드(북피)를 덧댄 것이다.

젬베는 멜로디가 없기에 치료대상자가 음악치료를 할 때, '잘못된 음'을 연주하는 것을 두려워하지 않고 자유롭게 음악적 리듬을 표현할 수 있다. 또한, 작은 드럼인 젬베를 사용함으로써 치료사와 치료대상자가 더욱 가까운 위치에서 음악치료를 진행할 수 있다. 젬베는 치료사와 치료대상자가 같이 동시에 연주할 수 있다는 점에서 피아노나 기타와는 확실한 차이점이 있다.

(2) 기타(Guitar)

뮤지크(Muzique)에 따르면 일반적으로 기타는 음악치료사들이 사용하는 최고의 악기라고 한다. 기타는 치료대상자와 가까운 곳에서 사용할 수 있으며, 음악치료사는 치료대상자가 연주할 수 있도록 하면서 동시에 멜로디나 조화로운 제어를 유지할 수 있다. 기타는 그룹 환경에서 통제력을 유지하는 데 큰 도움을 줄 수 있다.

(3) 피아노(Piano)

뮤지크(Muzique)에 따르면 피아노는 개별치료보다는 그룹 음악치료에 활용될 때 좋은 악기라고 할 수 있다. 기타는 치료대상자들이 연주하는 다른 악기들에 의해 소리가 빠져나갈 수 있지만, 피아노는 더 안정적이고 배경도 잡을 수 있다. 그러나 피아노를 사용할 때에는 젬베나 기타처럼 가까운 위치에서 연주하는 것이 아님을 유의해야 한다. 따라서 치료대상자와의 명백한 거리가 있음을 생각하고 가능하다면 치료대상자가 피아노의 옆자리에 앉을 수 있도록 장려하는 것이 좋다.

참고 문헌

김동주. "창의적 음악치료 프로그램이 아동의 학습동기 증진에 미치는 효과". 단국대학교 대학원 박사학위논문, 2010.

문 희. "집단음악치료 프로그램이 보호관찰 청소년의 분노표현, 분노반추, 불안, 우울, 공격성 및 의지적 구성에 미치는 효과". 원광대학교 대학원 박사학위논문, 2018.

배주희. 유리드믹스 음악 활동이 중학부 정신지체아의 주의집중력에 미치는 효과. 대구대학교 대학원 석사학위논문, 2011.

성진영. "음악치료 교수·학습 프로그램이 학생의 정서행동발달과 우울에 미치는 효과". 중앙대학교 석사학위논문, 2014.

양정희. 달크로즈 음악활동이 지적장애아의 주의집중과 자기 표현력에 미치는 영향. 용인대학교 교육대학원 석사학위논문, 2009.

정현주. 「음악치료학의 이해와 적용」 이화여자대학교출판부, 2005.

한주연. "달크로즈 음악치료 프로그램이 주의력 결핍 유아의 주의집중력 증진에 미치는 효과". 가천대학교, 석사학위논문, 2014.

허혜리. "창작곡을 활용한 음악치료 프로그램이 자폐성 아동의 의사소통 능력에 미치는 영향". 대전대학교 보건스포츠대학원 석사학위논문, 2012.

Guetin, S., et al., "Effect of Music Therapy on Anxiety and Depression in Patients with Alzheimer's Type Dementia: Randomised, Controlled Study," Dementia and Geriatric Disorder 28(1), 36-46.

Kenneth Aigen, 「노도프-로빈스 음악치료 초기사례연구」 김영신, 김동민 공역. 서울: 학지사, 1998.

Thomas, Judith. "Orff-Based Improvisation". Music Educators Journal. 66 (5): PP. 58-61, 1980.

2부
정신분석과
정신역동 음악심리치료

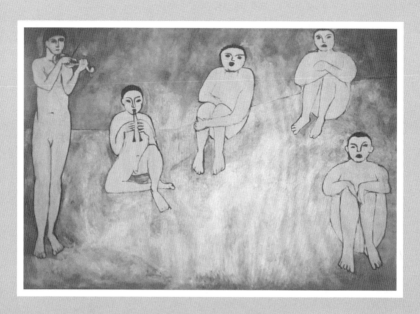

앙리 마티스 - 음악(La Musique)

제3장 정신분석과 음악심리치료

1. 정신분석적 음악심리치료(psychoanalytically in-formed music psycho therapy)

프로이트(Sigmund Freud)는 인간의 정신과 감정, 그리고 행동은 강력한 본능의 힘에 의해 결정된다고 했다. 인간의 정신은 의식과 전의식, 무의식으로 구분되고, 인간의 행동은 무의식과 의식, 전의식의 복합적인 결과로써 이러한 의식에 영향을 주는 것을 본능(원초아, Id), 자아(Ego), 그리고 초자아(Super Ego)로 구분했다.

본능, 즉 원초아는 인간의 가장 원초적인 에너지로 태어날 때부터 가진 욕구와 충동을 말한다. 사람은 이러한 본능에 따라 긴장을 해소하고 욕구를 충족하는 방향으로 움직이려는 경향이 있다. 그러나 본능이 추구하는 즉각적인 만족은 항상 실현이 가능하지 않다. 그래서 본능은 현실 세계와 타협하는 과정을 거치게 되는데, 여기에 관여하는 것이 바로 자아(Ego)이다.

초자아는 본능과 자아와는 완전히 다르게 이상을 추구하려는 경향이 있다. 즉, 사회적 도덕이나 윤리 규범을 지키고 이상에 맞는 행동을 하여 자존심, 혹은 자긍심의 충족이나 죄책감 등에서 벗어나고자 한다. 이러한 초자아는 자아로부터 발달하는 것으로 일반적으로 부모나 교사와 같이 성장환경에서 접했던 타인의 도덕적 기준을 받아들이고 이를 따르는 것에서 시작한다.

자아는 원초아의 쾌락 추구와 초자아의 이상 추구 사이에서 현실세계와의 타협을 하려 한다. 그래서 초자아와 원초아를 모두 만족시키거나 표현하려고 노력한다. 이를 현실원리라고 한다. 인간은 원초아와 자아, 초자아의 상호작용을 통해 무의식적인 욕구나 충동을 직접적으로 의식하지는 못하지만, 끊임없이 본능을 충족하고 이상을 추구하면서 이를 밖으로 표출하려고 한다. 이러한 과정 속에서 개인의 생각과 행동, 그리고 정서가 전체적인 하나의 인격으로 탄생하게 되는 것이다.

프로이트에 따르면 인간은 성장 과정에서 신체적 발달과 주변 환경과의 관계의 사회적 경험을 통해 개인의 성격이 만들어진다고 하였다. 적절하지 못한 사회화 과정은 이후 사람에게 나타나는 심리적 문제에 크게 영향을 끼칠 수 있다는 것이다. 현대 사회에 이르러 사람들의 생활방식과 가치관 등의 변화가 빠르게 진행되어 왔다. 그래서 이전보다 심리적인 문제 또한 급격하게 증가하고 있다. 또한, 기존에는 크게 신경 쓰지 않았던 심리적인 부분에도 연구의 진전에 따라 그 중요성이 강조되고 새로운 관점이 생겨나고 있는 상황이 되었다.

현대사회에 심리상담, 미술치료, 놀이치료, 문학 치료, 특수교육 치료, 가족상담, 아동치료, 임상사회복지, 정신의학, 그리고 음악치료까지 다양한 분야에서 정신분석적 임상을 적용하는 전문가들이 많이 등장하고 있다. 일상에서도 정신분석학적 용어들이 많이 사용되고 있다. 예를 들어 콤플렉스, 무의식, 욕망, 억압, 투사, 사디즘, 히스테리, 강박증, 열등감, 꿈, 사랑, 변태, 저항, 현실 도피 등의 용어들이 모두 정신분석학적 기반의 용어들이다. 이렇듯 사람들의 치료에 있어서 정신분석학적 접근은 중요한 관점이라고 할 수 있다. 이것은 근본적인 인간의 치료에 있어서 가장 필요한 과정이라고도 할 수 있겠다. 이유섭[27]은 정신분석학을 강조하면서 '정신분석학은 인간의 마음을 이해하는 예술이요, 인간의 무의식을 이해하는 예술이다.'라고 언급하기도 하였다.

정신분석학을 이용한 음악치료는 오늘날 심층심리학이라고 불리는 정신분석에 영향을 받은 접근법이다. 정신분석적 음악치료는 타분야에 비교하여 비교적 짧은 역사를 가지고 있다. 하지만 기존에 진행되었던 다양한 심리치료 등의 이론을 수용하며 발전해나가고 있다.[28]

정신분석적 음악치료는 치료과정에서 나타나는 음악적 현상이 어떤 의미를 가지는가에 주목한다. 그것을 정신분석이론과 연결하여 개인의 심리를 파악하는 데 사용한다. 앨빈(Alvin)은 음악이 인간의 정신, 즉 원초아, 자아, 초자아에 미치는 영향에 주목하였다. 그는 음

27) 이유섭. 정신분석학의 자아 일고찰: 프로이트의 자아와 라깡의 자아를 중심으로. 현대 정신분석. 17 (2). pp. 47–77. 2015.
28) 정현주. 「음악치료학의 이해와 적용」 이화여자대학교출판부. 2005.

악이 인간의 본능인 잠재적인 욕구를 일깨우고 이를 사회적으로 용납 가능한 형태로 표현할 수 있도록 하여 자아의 기능을 강화하는 역할을 한다고 하였다. 동시에 감정을 적절하게 수용하고 표현하며, 승화 및 통제까지도 가능하게 만든다고 주장하였다. 그가 주장하는 바에 따르면 음악은 원초아와 자아, 초자아의 균형을 이루도록 돕는 보조제의 역할인 셈이다.

음악치료에서 이러한 과정이 적절하게 일어나기 위해서는 음악치료사와 치료대상자와의 상호신뢰와 적절한 관계 형성이 중요하다. 따라서 음악치료사는 각 임상 상황에 맞게 숙련되어져야 하고 창의적인 음악을 활용하여 치료대상자와의 상호작용을 발전시키려고 노력해야 한다. 또한, 음악치료사는 치료과정에서 치료대상자를 이해하고, 치료대상자에 대한 자신의 감정과 반응도 소화할 수 있어야 한다. 음악은 이러한 과정에서 치료대상자와 치료사 간의 치료적 관계성을 발전시키고 긍정적인 치료적 변화를 가져오는 매개체(music as medium for therapy)라고 할 수 있다.

음악은 내면을 표현하는 도구이자, 자신의 음악적 경험을 통해 내재화할 수 있는 도구이다. 치료사와 치료대상자가 음악을 이용하여 즉흥연주를 하면 투사와 내재화가 동시에 일어난다. 이때 치료사는 치료대상자가 스스로 통제하지 못하거나 부정하는 부분을 안아주고 담아주는 역할을 한다. 위그램(Wigram)은 '안아주기'를 치료대상자의 음악이 방향성을 잃을 때 리듬배경이나 화성배경을 통해 음악적 중심을 잡아주는 것이라고 하였다. 그리고 '담아주기'를 치료대상자가 매우 혼란스럽고 과장되게 연주할 때 치료대상자가 충분히 들을 수 있을 만한 정도로 자신감 있게 연주하는 것이라고 하였다. 프리슬리(Priestley)는 이 두 가지 개념을 거의 구분하지 않고 사용하였는데, 대상관계이론에 입각한 개념을 음악적으로 어떻게 해석하는가는 학자들마다 상이하다.

정신분석적 음악치료의 중심에는 치료사와 치료대상자 간의 치료적 관계성이 있다. 음악은 치료적 관계성을 발전시키는 중요한 매개체로 치료는 치료사와 치료대상자 간의 관계 발전을 통해 이루어지기 때문이다. 즉, 음악치료에서는 음악과 음악치료사, 치료대상자 간의 3자 관계가 가장 중시된다.

음악치료사는 치료대상자와의 치료적 관계성을 통해 항상 명심해야 할 것이 있다. 바로 치료대상자의 무의식적 동기와 전이 현상, 저항 등의 방어기제를 이해하고 자신에게 일어나는 역전이를 치료에 잘 활용해야 한다. 이때 치료대상자는 음악적 경험을 통해 과거를 재경험하고 자신을 되돌아봄으로써 과거의 문제점을 직면하고 해소하는 방향으로 나아가게 된다. 경우에 따라서는 어린 시절로 퇴행하여 비이성적인 단계까지 도달할 때도 있다. 이때도 음악은 이러한 과정에서 비언어적이자 상징적인 매체로 어떤 다른 매체보다 치료적 퇴행을 용이하게 돕는다.

정신분석적 음악치료의 궁극적인 목적은 자기이해와 성찰이다. 사람들은 대부분 자신의 행동에 대해서 정확한 동기와 감정을 이해하지 못하는 경우가 많다. 가끔은 자신이 왜 이런 행동을 하는지 알면서도 충동을 억제하지 못하기도 한다. 음악치료는 자신의 행동과 감정에 대해서 되돌아보고 성찰하며, 어떻게 나아가야 하는지 생각해볼 수 있는 기회가 된다. 치료사는 치료대상자가 자신의 무의식적 갈등과 방어기제 등을 의식화하고, 이를 수용하면서 건강한 자아 구조를 확립해가며 더 나아가 타인과의 올바른 관계 형성을 할 수 있도록 돕는다. 이때 치료사가 치료대상자에게 과도하게 몰입하거나 치료대상자에 대한 자신의 감정을 조절하지 못하면 치료에 실패할 수도 있다. 따라서 음악치료사뿐만 아니라 심리치료 관련 직종에 종사하는 전문가들은 지속적으로 정신분석 훈련이나 임상감독 등을 통해 반드시 수련을 해야 한다.

2. 음악심리치료와 전이

전이라는 용어는 정신분석학적 관점뿐만 아니라 다양한 분야에서 이용되는 용어이다. 일반적으로 한 위치에서 다른 위치로 이동하거나 대체하는 것을 의미한다. 음악치료에서의 전이는 치료대상자가 음악치료사와의 음악적 경험을 통해 내면의 자아를 밖으로 표출하고 자신의 감정을 호소하는 과정에서 일어난다. 음악치료사는 이러한 전이 현상이 지속적으로 활성화 및 유지될 수 있도록 적절하게 환경을 조성하고, 관찰을 통해 파악해야 하며, 적절한 순간에 개입할 수 있어야 한다. 치료대상자는 증상이 심할수록 전이를 활성화하고 유지하는 데 어려움을 느낀다. 중요한 것은 전이 현상은 심리치료의 모든 과정에서 일어나며, 심리분석의 주요한 기반이 되므로 음악치료사는 이에 대해서 제대로 된 이해를 바탕으로 치료를 진행해야 한다.

프로이트는 '전이의 역동성'에서 전이 현상을 호감과 사랑을 보이는 긍정적 전이, 적대감과 공격성을 보이는 부정적 전이, 그리고 부모에 대한 아이의 양가감정을 생산하는 혼합된 전이로 구분하였다. 치료사는 치료대상자가 표출하는 긍정적 표현뿐 아니라 부정적 표현을 인내심을 갖고 주의 깊게 청취할 필요가 있는데, 치료대상자의 심리 상태를 파악하고 치료대상자의 경험이나 감정에 대해 이해했을 때 비로소 분석 과정에 돌입할 수 있기 때문이다. 치료사가 치료대상자의 심리적인 문제에 대해 충분한 검토를 거치지 않은채 일방적으로 치료를 진행하게 되면 치료사는 치료대상자에게 순응을 강요하게 될 수 있다.

음악치료가 상담과 분석, 그리고 치료의 공간으로 활성화되기 위해서는 음악치료사와 치료대상자와의 상호유대감과 전이가 형성될 때 가능하다. 따라서 음악치료사는 치료대상자의 내부적 심리상태를 파악한 후 치료대상자가 자신의 상황과 무의식을 자각하고 수용할 수 있도록 도우면서 적절한 시기에 공감하고 개입하여 긍정적인 변화로 유도해야 한다. 음악치료사가 엄격하고 고지식한 태도를 보이면 원만한 상담과 치료가 어렵다. 치료대상자는 효과적으로 상담에 참여하지 못하게 되며, 종종 교착상태에 빠지게 된다. 치료대상자가 자기 생각을 잘 드러내지 않거나 질문에 겨우 대답하는 경우에도 마찬가지이다.

한편, 치료대상자가 치료사에게 나타내는 전이에 대해서 치료사가 보이는 무의식적 반응, 감정적 반응을 역전이라고 한다. 라캉(Lacan)은 역전이 현상에 대하여 치료사의 문제, 편견, 감정, 불명확함, 곤란함의 총체적 형태라고 했다. 치료사가 정신분석과정에 있어서 전이와 역전이 현상을 매 순간 정확하게 간파하고 이를 치료대상자에게 잘 설명할 수 있게 된다면 분석 과정에서 가장 강력한 치료 역할을 할 수 있게 된다.[29]

치료사는 말과 태도 등의 모든 표현행위에 있어 일관성을 유지해야 한다. 또한, 치료대상자의 긍정적 전이를 형성하기 위하여 치료대상자와의 신뢰를 형성해야 한다. 그런 후에 치료대상자의 자율성을 지속해서 격려하고 촉진하는 것에 최선을 다해야 한다. 전이의 활성화와 유지에 가장 중요한 것은 치료사가 일관성을 지니는 것이다. 치료대상자의 신뢰나 자율성, 자존심을 해치는 일은 어떤 것이라도 해서는 안 된다. 이 점을 치료사는 지속적으로 스스로 상기해야 한다.

---

29) 이유섭. 정신분석학의 자아 일고찰: 프로이트의 자아와 라깡의 자아를 중심으로. 현대정신분석. 17 (2). pp. 47-77, 2015.

치료사가 치료대상자의 저항에 부딪혀서 이를 극복하려고 할 때 치료는 어려워진다. 치료사가 치료대상자의 저항을 분석할 때, 치료대상자의 취약한 자존심과 자율성을 침해할 수 있다. 저항의 해석은 전이가 잘 활성화되고 강화되는 상황에서의 해석이어야 효과를 발휘할 수 있다. 전이가 취약하거나 오염되면 분석 과정에 들어가기 어려워진다. 때문에 어떤 경우에든 치료사가 전이를 활성화하고 유지할 수 있도록 강화하는 일이 가장 중요하다.

전이가 형성되기 시작하는 때는 치료사가 치료대상자의 이야기를 듣기 시작할 때이다. 치료대상자는 자신이 사는 세계에서 경험한 이야기를 통해 치료대상자 내면의 무의식적인 정보를 제공하기 시작한다. 치료사는 이러한 정보 속에서 무의식적인 심리상태를 파악해야 한다. 이때 치료대상자의 태도나 말과 같은 표현행위를 포착하는 것이 일차적인 목적이다. 그러나 일부 치료대상자들은 자신의 피해 감정을 치료사에게 투사하여 치료사를 자신에 대한 공격자로 여기고 방어기제를 취하기도 한다. 혹은 자신의 방어를 위해서 치료사를 자기 대신 피해자로 만들고, 자신이 공격자의 위치에 서는 경우도 있다. 치료대상자는 치료사를 거부하기 위해 분노의 표출이나, 치료사에 대한 적대적인 감정, 치료사의 개입에 대한 조건 없는 저항, 상담 파기와 자살 협박 등의 위협을 통해 치료사의 노력을 좌절시키려고 하기도 한다. 이런 경우 치료사는 치료대상자의 피해감정이 투사되고 있음을 간파해야 한다.

어떤 치료대상자는 치료사 혹은 타인이 자기보다 높은 수준의 만족과 성공을 성취했다고 느낄 때, 그것을 참을 수 없는 모욕이라고 느끼기도 한다. 이 치료대상자는 치료사가 가진 모든 지식과 권력, 지위 등에 대해 시기심이 일어날 수 있다. 이런 경우 어떤 의존 관계도 거부하고 상담에서 상호 교류되는 감정, 예를 들어 애정, 칭찬, 존중, 지지 등도 거부하려 한다. 치료사에 대한 이러한 시기심과 공격성은 치료사의 자존감을 위협하여 치료사를 곤경에 빠지게 할 수 있다. 치료사는 이런 상황에서 치료대상자의 치료가 불가능하다고 생각될 수도 있다. 이때 치료사는 치료대상자의 태도에 직면하여 이러한 상황을 제거하기 위해 치료대상자를 무시하거나 가치를 평가절하하려고 할 수도 있다. 즉 치료대상자에 대한 공격성, 유혹, 역전이에 빠질 수 있다. 따라서 치료사는 이러한 상황이 치료대상자의 어떤 감정에서 나오는지 파악하면서 일관성 있게 대처할 필요가 있다.

반대로 치료사가 자신이 특별한 능력을 갖추고 있다고 생각하거나, 치료대상자를 효과적으로 다룰 수 있는 유일한 사람이라는 태도를 가질 수도 있다. 주로 범죄인 상담이나, 종교 상담에서 흔히 일어나는 상황이다. 그런데 생각과는 달리 상담이 강력한 저항에 부딪히거나 진전이 없는 경우에는 일관성을 유지하지 못할 수도 있다. 이럴 때 치료사는 자신의 감정을 강하게 표출하거나 자신의 무가치 등의 부정적인 감정에 빠질 수 있다. 이와 같은 치료사의 반응은 치료사가 전이와 역전이 현상에 사로잡혀 있다는 의미가 된다. 치료사는 전이 역동에 휘말리지 않기 위해 끊임없이 자신의 역전이 반응을 주시하고 조절하고 분석해야 한다.

　모든 사회적 관계에서 전이가 저절로 생겨나는 것처럼, 치료적 관계에서도 전이는 자동으로 발생한다. 치료대상자가 치료사에게 말하는 것은 내면에 간직하고 있던 어떤 감정에 대한 호소이다. 이 호소는 치료사에게 애정을 요구하고 동시에 자신의 무의식적인 감정을 토로하는 수단이다.

　프랑스의 정신치료사 라캉(Lacan)은 치료대상자가 치료사에게 전하는 이 무의식적인 앎을 '가정된 전지 주체(Lesuject-supposèsavoir)'라는 용어로 설명하고자 하였다. '가정된 전지 주체'라는 표현은 치료사가 증상의 원인이고, 증상의 수신자이며, 증상의 대타자가 된다는 의미를 담는다. 치료사는 치료대상자가 표현하는 호소에 대하여 '대타자(Autre)'로서 증상을 수신하고 받아들이고 이해한다. 대타자는 치료대상자의 무의식적 앎이 전이되는 장소이자 전이가 강화되는 장소이다. 분석 치료과정에서 치료사는 무(無)의 태도를 보여야 치료대상자의 무의식적 앎을 편견 없이 받아들일 수 있다. 이를 위해 치료사는 자기체험과 재능, 부단한 자기 인식의 노력을 지속해야 한다. 치료사의 무의식이 곧 치료대상자의 앎의 대상이자, 치료대상자의 무의식을 끌어내기 위한 수단이기 때문이다.

3. 집단 음악심리치료와 전이

전이 현상은 집단음악심리치료에서 더욱 뚜렷하게 나타난다. 그 이유는 집단구성원들이 치료사에 대해 의존하기 때문이다. 연령대와 상관없이 집단에서 치료사는 부모 혹은 권위적인 인물로 비춰진다. 이는 집단구성원들이 마치 아기가 자기 부모를 최고로 여기듯이 자신을 치료해줄 치료사를 전문가라고 굳게 믿고 있기 때문이다. 집단구성원들은 치료사에 대해 대상관계의 초기 형태인 분리와 개별화 등의 이슈를 거치면서 점점 이상화된다. 아기가 자신의 주보호자를 전적으로 의존하듯이 집단구성원은 치료사를 자신의 안전을 돌봐주는 가장 중요한 인물로 간주하고 의존한다. 그들의 행동은 부모에게 반응하는 자신의 행동을 무의식적으로 반영하기도 한다.

치료사의 실제 성별은 전이의 유형과는 크게 상관이 없다. 치료사와의 교류과정에서 집단구성원은 치료사를 부모로 간주하고, 타 구성원들을 형제로 간주한다. 이러한 환경은 1대1로 진행하는 치료와는 다르다. 집단은 치료사뿐만 아니라 다른 구성원들과의 교류를 통한 관계 형성 등의 요소를 제공한다. 그래서 실제 형제 관계에서의 그들의 행동과 감정이 어떨지 관찰할 수 있는 적합한 상황이기도 하다. 치료사는 치료대상자들이 단순히 말로 묘사하는 것을 듣기도 한다. 하지만 동시에 타인의 행동에 대한 집단원들의 반응도 직접 관찰할 수 있다. 동시에 다양한 성격을 가진 대상과의 관계를 집단 내에서 탐구할 수도 있다. 각 치료대상자가 집단에서 상대적으로 지배적인 사람이나 수동적인 사람에게 어떻게 반응하고 어떤 역할을 취하는지를 관찰하는 것은 집단 밖에서의 그들의 행동을 추측해볼 수 있게 해준다.

집단음악치료 현장에서는 치료대상자가 타인에 대해 보이는 반응을 통해 치료대상자 내면에 잠재된 신념과 감정을 이해할 수 있도록 환경이 조성된다. 이러한 반응을 분석 과정에 반영할 수 있는 것은 집단의 구조가 집단 전체와 치료사 간의 소통이 아닌, 집단구성원 간의 자유로운 소통이 있기 때문에 가능하다.

독일의 칼 쾨닉(Karl Konig) 박사와 린드너(Lindner)는 집단 내의 잠재적 전이에 대해 다음과 같이 묘사하였다. 집단 발달 초기 단계에서 집단구성원들은 자신을 작고 초라하게 느끼기도 한다. 그러나 집단 내 구성원이라는 소속감을 느끼게 되면 스스로가 보호받고 있다고 느끼고 강해졌다고 생각할 수 있다. 또는 타인과 자신 간의 차이점을 발견하면 자신이 스스로 약하다고 느끼고 타인이 하라는대로 하거나 타인을 모방할 수 있다. 이는 자신이 타인과 달라 소속감을 느끼지 못하게 되면 배척될지도 모른다는 불안감에서 오는 것이기도 하다. 집단구성원이 집단에 대해 반응하는 것은 생존 메커니즘의 일종이다.

집단구성원은 집단음악심리치료를 통해 단계를 거치면서 발달과정을 밟아가게 된다. 새로운 사람들이 모여서 구성된 집단은 치료화 단계를 거쳐 점점 신뢰와 확신의 공동체로 변화해간다. 집단 발달 이론에서는 집단을 형성(forming), 표준(norming), 갈등(storming), 그리고 행사(performing)의 4단계 과정을 거친다고 말한다(Yalom, 1995).

형성단계는 하나의 새로운 집단이 만들어지는 과정을 말한다. 표준단계는 집단구성원들이 집단의 기능과 구성원의 행동 방향에 대해 의견일치를 이루는 과정을 말한다. 갈등단계는 지정된 표준 항목에 대해 구성원 간에 표준을 시험하고 수정하는 단계이다. 이때 치료사는 집단이 표준 내에서 제한을 시험하는 과정과 치료과정에 대한 저항을 명확히 구별할 수 있어야 한다. 마지막 행사단계에서는 집단이 치료적 공동체의 기능을 수행하게 된다. 이때 집단구성원이 집단표준에 따르지 않을 때는 집단구성원이 치료과정에 대한 저항 혹은 벗어나는 행동으로 해석할 수 있다.

참고 문헌

김진아, "정신분석적 음악치료", 한국예술치료학회지, 5(1), 2005, PP. 137-157

이유섭. 정신분석학의 자아 일고찰: 프로이트의 자아와 라깡의 자아를 중심으로. 현대정신분석. 17 (2). pp. 47-77, 2015.

정해숙, "가정폭력 피해 여성의 정신분석적 음악심리치료 효과 분석 -사회적 회피 및 불안, 우울, 신체화 증상, 성장지표를 중심으로 -". 명지대학교 석사학위논문, 2006.

정해숙, "청소년 랩에 대한 라깡 정신분석적 탐구 - 음악치료로서의 랩 -", 명지대학교 박사학위논문, 2010.

앙리 마티스 – 춤

제4장 정신역동 음악치료

1. 정신역동적 음악치료

정신역동을 이해하기 위해서는 우선 프로이트의 정신 결정론에 대해 먼저 이해할 필요가 있다. 정신역동(psychodynamic) 이론이란 인간의 정신활동 기저에 있는 본능(원초아), 자아, 초자아의 사이에서 생기는 갈등과 투쟁, 타협을 통해 인간의 행동이 결정된다는 이론이다. 여기서 역동이라는 것은 정적(靜寂, silence)이라는 개념과 반대되는 개념으로 정신 에너지를 말한다.

프로이트의 정신결정론[30]은 사람의 감정과 행동이 이유 없이 갑자기 나타나는 것이 아니고 어떤 원인이 내면에서 작용했기 때문에 일어나는 현상이라는 것이다.

인간은 성장하면서 신체적 발달과 함께 사회적 인지 변화가 일어나

---

30) 정신분석에 관한 연구는 프로이트(Freud)가 히스테리의 심리적인 원인 규명과 치료기법을 연구하면서 시작되었다. 프로이트는 역동적 정신 구조 모델에서 정신을 세 가지로 구분했는데, 먼저 자신의 욕망에 따라 행동하려고 하며 본능적이고 쾌락을 추구하는 상태인 원초아(id), 현실적으로 문제가 될 수 있는 행동이나 정신을 검열하고 현실적인 상황에 맞춰서 논리적으로 변화시키는 역할을 하는 자아(ego), 도덕적 행동 지침으로 행동을 정제해 주는 초자아(superego) 등이다. 또한, 프로이트는 성격 발달을 심리성적 발달과 함께 설명했는데, 구강기, 항문기, 남근기, 잠복기, 생식기 등 다섯 단계로 나누었다.

자연스럽게 성격이 형성되고 사회화가 이루어진다. 이렇게 형성된 인성은 심리 및 성장 과정에서 성적 본능의 만족감에 따라 발달하고 변화한다는 것이다.

이와 관련하여 프로이트의 인성발달단계에 대해 조금 더 자세히 설명하자면 다음과 같다.

인성발달단계는 다섯 단계로 구분되는데, 구강기 발달단계(생후 ~18개월), 항문기 발달단계(18개월~3세), 남근기 발달단계(4~6세), 잠복기 발달단계(6~12세), 생식기 발달단계(12~20세)이다. 이렇게 각각의 다섯 단계를 거치면서 본능, 즉 감각적 쾌락의 원천이 입, 항문, 성기, 내면, 생식기로 변화한다고 했다. 그런데 각 단계에서 적절치 않은 갈등과 좌절을 경험하게 되면, 이전 과정 중 만족도가 높았던 단계로 퇴행하여 머무르려는 고착을 겪게 된다는 것이다

정신역동의 구조상 과학적인 검증이 불가능하다는 한계점에서 비롯된 비판이다. 정신역동은 이러한 무의식 속에 억압된 문제를 찾고 치료대상자가 문제를 자각, 인식하게 함으로서 문제를 해결할 수 있도록 유도하고자 하는 이론이다. 일부 정신역동 이론을 바탕으로 하는 무의식적 갈등과 그 영향이 행동과 사고를 결정한다는 주장에 대해서 비판적인 의견이 있다. 이는 정신분석 당시부터 있는 비판으로 정신역동의 구조상 과학적인 검증이 불가능하다는 한계점에서 비롯된 비판이다.

현대의 정신역동치료는 장기간에 걸쳐 큰 비용이 들었던 기존 정신

분석 치료보다 수월하고 빠른 치료를 지향한다. 기존의 정신분석 치료는 1~2년 동안 매주 다수의 상담을 해야 하고, 그로 인한 비용도 많이 드는 반면, 정신역동 치료는 수개월 안으로 치료를 마칠 수 있다.

이러한 정신역동치료와 음악이 접목한 접근법이 바로 정신역동적 음악치료이다. 정신역동적 음악치료는 음악심리치료 접근법 중 하나로 무의식, 전이와 역전이, 방어와 저항, 절제와 같은 정신역동적 개념이 라포(Rapport) 형성, 처리, 종결의 형식으로 치료에 단계화되는 접근법이다.31) 초기에는 음악적 현상을 설명할 수 있는 객관적 용어의 정의나 개념 정립이 어려워 음악에 관한 정신분석적 접근은 이루어지지 못했다. 하지만 어네스트 크리스(Ernest Kris)의 정신분석이론과 임상기술을 연구하면서 달라지기 시작했다. 예술활동과 정신과 임상 연구에 음악이 적용되어야 한다는 그의 주장에 따라 창조적인 예술이 임상에서 중요한 매개체로 적용되면서 정신역동 음악치료에 대한 연구가 본격적으로 시작된 것이다.

플로렌스 타이슨(Florence Tyson, 1965, 1981)은 음악치료와 관련하여 정신역동적 접근을 소개하였다. 그리고 영국의 줄리엣 앨빈(Juliette Alvin)도 정신역동적 접근의 음악치료를 규명하였다. 코후트(Kohut)는 프로이트가 말하는 세 가지의 성격 구조(원초아, 자아, 초자아)를 음악과 연관시켜 정신분석적 이론을 제시하였다. 그는 음악

---

31) Darrow, A. 「음악치료 접근법」 김영신 역. 서울: 학지사, 2004.

의 카타르시스(Catharsis, 정화) 기능을 강조하면서 억압된 욕망으로 인한 긴장(tension)이 음악적 감정으로 표출된다고 주장하였다. 그에 따르면 안정적이며 지속적인 리듬은 구강기 단계에서 아동이 수유 과정에서 보이는 리듬적 행동이나 주 양육자가 자장가와 함께 두드려 주는 행동, 요람에서의 리듬적 움직임에서 얻을 수 있는 충족감을 제공하므로 구강기적 욕구를 충족시켜준다고 할 수 있다.

루드(Ruud)도 리듬, 멜로디, 하모니, 선법과 같은 음악 요소들이 정신역동적인 의미를 갖고 있다고 했다. 리듬과 액센트는 내재된 에너지(Libido)의 분출을 가능케 하며, 지속적인 리듬은 본능적 긴장을 완화시킨다고 하였다. 또한, 멜로디는 본능과 자아 간의 대립되는 긴장도에 균형을 제공하는 역할을 한다고 하였다. 리듬 패턴과 템포의 변화는 긴장의 수준을 조절하는데, 이러한 리듬적 고조가 긴장 표출을 가능하게 한다. 화음의 전개는 감상자가 가지고 있는 음악적 전개의 기대감을 충족시켜주면서 즐거움을 경험할 수 있게 해준다. 루드는 감상과정에서 음악은 감상자의 내재된 에너지를 고양시키며 이러한 음악적 요소와 본능적 에너지와의 관계는 인간의 내재된 욕구를 예술적 활동 안에서 승화시킬 수 있도록 해준다고 하였다.

예술을 통한 본능적 에너지의 승화는 창조적인 음악활동 뿐만 아니라 수동적인 감상 행위에서도 가능하다. 이는 음악이 '무엇을 생각하게 하는 지'보다는 '무엇을 느끼고 있는지'를 표현하는 '감정의 에스페란토'(Esperanto)이기 때문이다. 또한, 음악은 미해결된 갈등을 해소하기 위한 카타르시스적 기회를 제공한다.

긴장표출과 카타르시스적 감정의 승화는 원초적인 성적 에너지 분출에 영향을 미치며 내재된 충동성을 해결해주기도 한다. 음악 활동은 긍정적이고 유쾌한 경험을 주며 자아에게 성취감을 부여해준다. 그런데 음악적 내용에 대한 이해가 감당할 수 없게 되면 도리어 성취감이 감소하고 혼란과 긴장을 유발할 수 있다. 그래서 치료를 할 때는 음악으로 적절하고 안전한 선에서 자아를 통합할 수 있게 도와줘야 한다. 치료사는 이러한 음악치료를 통해 치료대상자의 자아 구조의 전반적인 힘을 강화시킴으로 문제해결 능력과 대처 능력, 그리고 극복력과 통찰력을 얻게 해주는 기반을 만들어줄 수 있게 된다.

정신 역동적 음악치료는 앞서 말한 심리적, 행동적 문제에 있어서 원인을 무의식 속에 잠재된 과거의 경험이라고 판단하는 것이다. 그래서 이 판단에 근거하여 음악적 활동을 통해 이끌어내고 자각할 수 있게 하여 근본적인 문제를 해결하려는 치료법이 바로 정신역동적 음악치료이다. 정신역동적 음악치료는 의미에 대한 질문에 초점을 두고, 그에 대한 해답을 찾게 한다. 그러기 위해 치료사가 치료대상자로 하여금 자신의 한계를 인지하게 하여 임상적으로 확장하도록 요구한다. 정신역동적 음악치료에서 무의식적인 감정의 표현은 음악작품의 무의식적인 허밍이나, 특정 음악에 대한 선호, 자유 연상적 노래 부르기와 같은 활동으로 나타날 수 있다.[32] 이를 치료대상자가 의식화하는 과정에서 내면의 심리를 자각하고 수용할 수 있게 된다.

2. 음악과 정신역동

브루샤(Bruscia)는 정신역동적 음악치료에 있어서 치료사, 치료대상자, 음악과의 중요성을 강조하였다. 이는 정신역동적 음악치료가 다른 치료법과 치료목표와 접근법이 완전히 다르다는 점에서 이를 강조한 것이다. 정신역동적 음악치료에서의 치료사의 주요 과제는 치료사와 치료대상자, 치료대상자와 음악, 치료대상자와 또 다른 치료대상자 사이에서 일어나는 역동의 유형과 패턴을 관찰하고 분석하는 것이다. 그리하여 치료대상자가 갖고 있는 심리적 문제 혹은 행동을 규명하는 것이라고 강조하였다. 이와 관련하여 치료사는 치료사와 치료대상자와의 관계 형성에서 다음과 같은 특징을 숙지해야할 필요가 있다.

첫째, 치료사와 치료대상자와의 관계는 매우 중요한 관계이다. 그러므로 이 두 대상간의 대인관계적 역동성과 함께 전이와 역전이 현상에 대해서도 잘 관찰하고 의식해야 한다. 치료사는 가능한 한 긍정적인 전이를 형성하고 강화하며, 부정적인 전이 혹은 역전이를 피하는 치료를 해야 한다.

둘째, 치료사는 치료대상자의 문제해결을 통해 치료대상자의 정서적인 성장과 성숙을 유도할 때 분석가(analyst)에서 지지자(supporter)

---

32) Darrow, A. 「음악치료 접근법」 김영신 역. 서울: 학지사, 2004.

로 변화한다. 이때 치료사의 의무는 치료대상자가 스스로 자신의 상태를 자각하고 새로운 관점으로 바라보게 해야 한다. 그리하여 치료대상자가 자신의 문제해결의 통로를 발견하고 발전할 수 있도록 보조해야 한다. 특히 치료사는 자신감, 절제된 감정, 일관적인 태도를 유지하며 치료대상자가 치료적인 변화를 촉진할 수 있도록 도와야 한다. 코헛(Kohut)은 공감을 통해서만 치료대상자의 내면세계를 이해할 수 있다고 하였는데, 여기서 공감은 '타인의 내면세계로 들어가서 생각하고 느낄 수 있는 능력'을 말한다.

셋째, 치료대상자 또한 적극적으로 치료에 임해야 한다. 치료대상자는 방어기제를 알아차리고, 본인의 장점을 발견하며, 음악치료를 통해 자각된 잠재된 무의식적 문제가 어떤 것인지 알고 해결해나가려고 해야 한다. 또한 치료과정에서 함께 하는 음악치료사의 역할을 이해하고 수용해야 하며 치료사의 권유에 기꺼이 반응할 수 있어야 한다. 이와 같은 치료대상자와 치료사와의 신뢰 관계가 형성되지 않으면 치료대상자는 자신의 내적인 감정을 치료사에게 표현하지 않게 된다. 결과적으로 치료적인 변화를 기대하기 어렵다. 그러므로 치료대상자가 유의미한 대상으로서 치료사를 받아들일 수 있도록 상호 신뢰관계가 구축되어야 한다.

음악치료사는 정신역동적 음악치료를 시행함에 있어 다양한 접근법을 사용할 수 있다. 예를 들어 성악즉흥연주, 기악즉흥연주, 노래 만들기, 치료대상자가 선호하는 음악 감상하기 등이다. 음악치료사는 이러한 활동 과정에서 실제 환자들이 어떠한 정서 문제를 겪고 있는

지 파악하고 이를 해소하는데 도움을 주는 역할을 한다.

정신역동적 음악치료는 특히 재활 병동이나 정신과 병동에 입원한 환자의 우울감과 불안감을 해소하는데 효과적이다. 그것은 여러 선행연구결과에서 이를 확인할 수 있다.[33] 그밖에도 근골격계 외상환자의 통증과 우울을 감소시키거나,[34] 급성 심근경색증 환자의 스트레스 반응을 감소시키는 등 다양한 방면에서 정신역동적 음악치료의 효과가 입증되었다.[35]

김군자[36]의 연구에서는 알코올 환자를 대상으로 진행한 음악치료가 환자의 불안과 우울감을 감소시키고 정서적인 문제의 대처능력을 향상시켰다고 보고하였다. 이를 통해 정신역동적 접근법에 의한 음악치료가 장기적인 증상을 가지는 환자들의 정서문제에 효과적임도 확인할 수 있다.[37]

음악치료는 기분전환이라는 단순한 작용을 넘어서는 것이다. 부정

---

33) 임선미. "음악요법이 혈액투석 환자의 우울과 불안에 미치는 영향". 대전대학교 보건스포츠대학원 석사학위논문. 2004.
34) 김정애. "음악요법이 근골격계 외상환자의 통증 우울에 미치는 영향". 경북대학교 대학원 박사학위논문. 1992.
35) 이혜란. "이완음악이 급성심근경색증 환자의 스트레스 반응에 미치는 효과". 계명대학교 박사학위논문. 2002.
36) 김군자. "알코올 환자들을 대상으로 한 음악치료 효과의 검증 : 분석 음악치료와 게슈탈트 음악치료를 중심으로". 이화여자대학교 박사학위논문. 2002.
37) 김군자. 「음악치료의 이론과 실제」 서울: 양서원. 1998.

적인 정서를 긍정적인 자극으로 변화시키고, 치료과정에서 수반되는 불안과 고통의 자각을 약화시키는 치료의 효과를 가진다. 이는 정신 역동적 음악치료의 개념에서 볼 때, 음악이라는 지지적 환경 속에서 치료사와 치료대상자들이 전이, 역전이, 상호주관적인 반응들을 자유롭게 표현하고 수용할 수 있기에 가능한 것이다.[38]

이와 같은 결과들을 활용하여 정신 역동적 음악치료가 루푸스 (lupus)환자의 불안과 우울 감소에도 긍정적인 효과를 나타낸다는 것에 관한 연구가 진행된 것이다.[39]

---

38) Darrow, A. 「음악치료 접근법」 김영신 역. 서울: 학지사, 2004.
39) 여한나, "정신역동적 음악치료가 루푸스 환자의 우울과 불안, 질병 활성도 안정에 미치는 영향." 한세대학교 석사학위논문, 2006.

참고 문헌

김정애. "음악요법이 근골격계 외상환자의 통증 우울에 미치는 영향". 경북대학교 대학원 박사학위 논문, 1992.

김군자. 「음악치료의 이론과 실제」 서울 양서원, 1998

김군자. "알코올 환자들을 대상으로 한 음악치료 효과의 검증: 분석 음악치료와 게슈탈트 음악치료를 중심으로". 이화여자대학교 박사학위논문, 2002.

여한나, "정신역동적 음악치료가 루푸스 환자의 우울과 불안, 질병 활성도 안정에 미치는 영향," 한세대학교 석사학위논문, 2006.

이혜란. "이완음악이 급성심근경색증 환자의 스트레스 반응에 미치는 효과". 계명대학교 대학원 박사학위논문, 2002.

임선미. "음악요법이 혈액투석 환자의 우울과 불안에 미치는 영향". 대전대학교 보건스포츠대학원 석사학위논문, 2004.

Darrow, A. 「음악치료 접근법」 김영신 역. 서울: 학지사, 2004.

바실리 칸딘스키 – 노랑 빨강 파랑

제5장 음악치료의 꽃 즉흥연주

1. 즉흥연주 음악치료(Improvisation Music Therapy)

'즉흥연주(Music Improvisation)'라는 말은 상당히 넓은 의미로 사용되고 있다. 대개 즉흥적인 연주 또는 소리나 음악의 형태를 창출시키는 음악적인 활동이 진단평가, 치료, 또는 평가의 방법으로 사용되는 경우를 의미한다. 치료 현장에서 시행되는 즉흥연주 음악치료는, 음악치료사가 음악적 기술을 사용해 치료대상자가 다른 사람의 작품에 맞춰 자신을 표현시키도록 하는 것이다.

즉흥연주는 음악치료의 기본적인 네 가지 형태 중 하나이다. 즉흥연주 외에도 치료대상자의 진단 및 치료를 위해 사용되는 음악적 접근방법은 감상과 작곡, 그리고 재창조(작곡된 음악을 연주하거나 노래 부르는 행위)가 있다. 감상을 제외한 세 가지 방법은 치료대상자가 능동적으로 음악치료사와의 관계를 형성하여 악기와 목소리, 신체 등으로 음악과 소리를 만들어내는 활동이다.

음악치료에서는 즉흥연주를 즉흥적인 연주 또는 소리나 음악의 형태를 창출시키는 음악적인 활동을 진단평가, 치료, 또는 평가의 방법으로 사용되는 경우를 의미한다. 반대로 임상적 환경에서 연주하는 음악이나 혹은 녹음된 음악을 청취하는 감상이 있는데 이것을 수동적 음악감상이라고 한다.그러나 능동적이고 적극적 활동을 하지 않더라도 치료대상자들이 인지적, 감정적, 신체적 등 다른 방면에 있어서 소극적이지 않을 수 있다.

즉흥연주를 이용한 음악치료는 어느 정도 자신의 의지대로 연주할 수 있거나 신체적으로 크게 제한이 없는 자를 대상으로 한다. 말로 표현하기 어렵거나 내면에 잠재된 무의식적 심리상태를 끌어내기 위한 비언어적 표현 수단으로 이용된다. 힐러(Hiller)는 즉흥연주를 이용한 음악치료에 대해 다음과 같이 설명한다.

> 임상적 음악치료는 치료적 진단, 치료, 평가라는 목적들을 위해 치료사와 치료대상자가 함께 즉흥연주를 하는 과정이다. 임상적 즉흥연주에서 치료대상자와 치료사는 음악 및 심미적이고 표현적이며 대인 관계적인 속에서 변화하는 음악적 표현으로 나타나는 즉흥연주를 통해 서로 관계를 맺는다.

2. 즉흥연주의 모델

임상적 음악 즉흥연주(Clinical Music Improvisation)에 활용되는 모델은 굉장히 종류가 다양하다. 이것은 이론적 개념이나 임상적 징후, 목적이나 목표, 실행을 위한 안내가 다 다르다. 그것은 현장에서의 실험 등의 접근방식에 따라 활용되는 모델이 다르기 때문이다. 일부 음악치료사들은 임상적 음악 즉흥연주에 있어서 노도프와 로빈스

(Nordoff-Robbins)의 모델을 사용하였다. 어떤 이들은 프리슬리의 분석적 음악치료 모델을 사용하였고, 또 다른 이들은 이 두가지를 혼합한 새로운 모델을 사용하기도 하였다. 용어를 사용하는 데도 각각의 즉흥연주 모델에 따라 차별성 있는 용어를 선택하고 있다. 각각의 모델은 앞에서 자세하게 설명하였으므로, 본 장에서는 간단하게만 언급하고 넘어가도록 하겠다.

(1) 노도프-로빈스모델(Nordoff-RobbinsModel, CreativeMusic Therapy)

노도프-로빈스(Nordoff-Robbins) 모델은 폴 노도프(Paul Nordoff)와 클라이브 로빈스(Clive Robbins)가 개발한 것으로 개별이나 집단 심리치료에 있어서 즉흥연주를 이용한 치료법이다. '창조적 음악치료'라고 불리며, 초기에 장애아동을 위해 개발되었으나 최근 성인들에게도 효과적인 것으로 밝혀져 많이 활용되고 있다. 치료대상자는 음악적 기능이나 수준, 언어적 능력, 그리고 나이와도 전혀 상관이 없다. 따라서 다양한 사람들을 대상으로 활용할 수 있다는 장점이 있다는 것이다.

(2) 프리슬리 모델(Priestly Model, Analytical Music Therapy)

프리슬리 모델(Priestly model)은 영국의 프리슬리와 두 동료가 개발한 즉흥연주 모델로, 분석적 음악치료라고도 한다. 이 모델은 치료사와 성인 치료대상자가 즉흥연주를 위한 타이틀을 함께 만들어 연주하기 위해 개발되었다. 함께 연주하면서 치료대상자의 내면을 연구하고 치료하기 위한 접근방식으로 개발된 것이다. 프리슬리 모델은 개별치료와 2인 1조, 그리고 집단으로 진행할 수 있으나 일반적으로 개별치료가 가장 효과적인 것으로 보고 많이 시행되고 있다.

(3) 리오르단-브루샤 모델(Riordan-Bruscia Model, Experimental Improvisation Therapy)

리오르단-브루샤 모델(Riordan-Bruscia Model)은 앤 리오르단(An Riordan)이 개발한 '실험적 즉흥연주'에서 시작하여 이후 케니 브루샤(Kenneth E. Bruscia)가 이를 음악치료에 적용하면서 완성된 치료법이다. 리오르단-브루샤 모델은 성인뿐만 아니라 장애인 및 아동을 대상으로도 활용되고 있으며, 개별치료가 아닌 집단으로만 진행된다는 것이 특징이다. 집단구성원은 집단 내 다른 구성원들과 관계를 맺으면서 음악적 경험과 표현을 공유하는 과정을 겪는다. 이를 통해 타인과의 상호작용을 올바르게 할 수 있게 된다.

(4) 오르프-슐웍모델(Orff-ImprovisationTherapy, Orff, Bitcon, Lehrer-Carle Model)

칼 오르프(Carl Orff)가 교육을 위해 설계했던 치료법으로, 현재는 즉흥연주의 모델로서 음악치료에 활용되고 있다. 오르프-슐웍(Orff Schulwerk) 치료법은 치료사가 작은 아이디어를 제시하면 이에 맞춰 치료대상자들이 즉흥연주를 하도록 유도하는 것이다. 치료대상자들이 함께 겪는 성공적인 경험을 공유하면서 상호관계를 발전시켜나가도록 돕는 방법이다.

3. 즉흥연주 악기

(1) 치료대상자를 위한 악기

음악치료사들은 음악치료를 위해 즉흥연주를 준비할 때, 치료대상자들이 사용할 악기들에 대해 전반적인 지식을 갖고 있어야 한다. 특정한 장소에서 지속하는 것이 아니라 상황에 따라 종합병원이나 학교, 요양원, 임상 클리닉, 지역사회 센터 등의 치료대상자가 있는 곳으로 직접 이동해야 하는 경우가 많다. 이때 사용하는 악기가 이동성이 편리한지 고려해야 한다. 또한, 치료대상자들의 상황이나 임상적 목표 등에 따라 적절한 악기를 선택해야 한다. 일반적으로 드럼, 리듬악기, 멜로디 악기, 전자 키보드, 기타, 목관 악기, 현악기, 금관악기 등 중에 선택해 사용할 수 있다. 환경이 적절하게 갖춰진다면 피아노와 타악기와 같은 크고 무거운 악기를 사용할 수도 있다.

(2) 치료사의 악기

치료사는 치료대상자들이 사용할 악기뿐만 아니라, 음악치료사가 직접 사용할 악기에 대해서도 고려할 필요가 있다. 토우즈(Towse)와 로버트(Roberts)는 그룹 즉흥연주에는 치료사가 피아노나 일차적 악기를 사용하는 것은 불필요한 균열을 만들어낼 수 있다고 지적하고 있다.

나머지 그룹이 이용할 수 없는 악기를 사용하는 것은 그룹이 역동성에 큰 영향을 미칠 것이다. 가령 '나는 당신과 다르다. 나는 당신이 할 수 없는 것을 할 수 있다.'라고 말하는 것과 같을지도 모른다. 이것은 '나는 당신과 같지만, 여기에서 나는 특별한 역할이 있다'라는 그룹 촉진자의 암묵적인 진술과는 전적으로 다르다.

음악치료사의 악기는 즉흥연주의 과정과 결과에 크게 영향을 미칠 수 있다. 따라서 치료사는 상황에 맞춰 적절한 악기를 선택할 필요가 있다. 예를 들어, 음량의 특성이나 음색, 연관된 가치 등을 고려해볼 수 있는데 상담 시작 전에 미리 악기를 선택한다기보다는, 치료대상자들이 직접 선택한 악기에 맞춰 어울리는 악기를 선택하는 것이 좋다.

4. 언어화 과정

본 절에서는 즉흥연주가 끝난 후 치료사와 치료대상자가 함께 하는 토론, 즉 언어적 과정에 관해서 얘기하고자 한다. 즉흥연주 음악치료에 있어서 모든 모델이 즉흥연주 후 토론을 시행하는 것은 아니다. 토론을 시행하는 경우에도 모든 세션마다 진행한다기보다, 일부 세션이 끝난 후에 하거나 모든 세션이 끝난 후에 진행되기도 한다.

음악치료란 언어적으로 표현하기 어려운 부분과 내면의 무의식적 심리상태 등을 자연스럽게 표현하는 과정이다. 이를 통해 자신의 감정을 스스로 돌아보며 신체적·심리적으로 긍정적인 변화를 주고자 하는 것이 목적이다. 따라서 음악 그 자체만으로도 치료대상자에게 긍정적인 영향을 준다고 할 수 있다. 그러나 자신에게 일어나는 감정이나 심리상태에 있어서 언어적 과정을 함께 하면 그 효과가 더욱 뛰어나므로, 통찰과 배움의 강화를 위해서는 연주 중에 일어났던 일을 논의하는 것이 중요하다. 이 언어적 과정을 통해 치료사는 치료대상자가 즉흥연주 과정에서 겪은 감정을 간접적으로 이해할 수 있다. 이 때 치료대상자는 입으로 자신의 감정을 직접 표현해보면서 자신을 되돌아볼 수 있는 계기가 된다. 또한, 언어적 과정을 어떻게 진행하느냐에 따라 치료사가 치료대상자의 인지, 정서, 의사소통 기능 등의 상태를 가늠해볼 수도 있다. 치료대상자가 짧은 연주하는 동안 연속적으로 일어난 일에 대해 혼란스러움을 보이기도 하는데, 이것은 기억이나 인지기능의 결함을 나타내고 있는 증상일 수도 있다. 또한, 언어로 표현하지 못하고 눈물을 흘리는 등의 다른 방식의 감정표현을 하고 있다면, 치료대상자가 감정적으로 크게 고통을 겪고 있거나, 민감한 상태임을 가늠해볼 수도 있다.

즉흥연주 후의 언어적 과정은 집단구성원끼리 음악적 경험을 공유하면서 동질감과 소속감을 느낄 수도 있다. 서로 의견 교환과 교류하는 과정에서 상호작용하는 방법, 즉 사회화를 배울 수 있는 것이다. 또한, 집단 내 언어적 과정은 집단구성원들의 다양한 역할과 관계에 대해 명확함을 주는 계기가 되기도 한다. 이를 집단 역학이라고 부른다. 적극적인 언어 표현은 즉흥연주 음악치료에 있어서 자연스러운 과정 중 하나이며, 또 필요한 과정이다. 따라서 음악치료사는 치료대상자의 신체적·심리적 상태를 파악하고, 필요하면 즉흥연주 후에 논의하는 과정을 넣을 수 있다.

치료기간 동안, 치료대상자의 경험에 대해 치료사 혹은 다른 집단 구성원과 대화를 나누는 것은 심리적 치료와 발전에 있어서 긍정적인 영향을 줄 수 있다. 치료대상자가 다른 구성원에게 자기 생각이나 느낌을 공유하는 것은 서로에게 이해를 높이고 동정심 등의 감정을 키우는 역할이 된다. 이러한 감정이 커지고 서로에게 수용되고 인정되는 과정은 그룹 내 신뢰감과 소속감을 키우는 것이다. 그리하여 더욱 효과적인 치료를 기대하게 해준다. 또한, 치료대상자들의 적극적인 표현은 치료사가 세션 안에서 최선의 방식으로 행동하도록 결정하는 데 도움이 된다. 마지막으로, 언어적 과정은 치료사와 치료대상자가 치료 당일에 세션이 모두 끝난 후에 마무리로 진행됨으로써, 치료대상자에게 치료를 마친다는 것을 이해하고 건강한 이별을 만들 수 있도록 돕는 것이다.

언어적 과정이 모든 음악치료에 긍정적인 영향을 주는 것만은 아니다. 가끔은 치료에 역효과를 낳는 결과를 만들어서 하지 않는 것이 더 나을 때도 있다. 예를 들어, 상담 과정에서 치료대상자가 자신을 지속해서 가해하는 말을 사용하는 경우, 치료사와의 대화를 불편하게 생각하는 경우, 집단 내 구성원이 다른 구성원들에게 꾸짖거나 상처 주는 말을 반복적으로 하는 경우 등이다. 이는 타인과의 관계 형성을 불편해하거나, 자신의 심리적 문제점에 있어서 방어기제로써 언어를 이용한 공격성을 드러내는 것일 수 있다. 이러한 상황은 치료대상자가 의식하지 못한 채 지속해서 진행될 수도 있고 의식하고 있지만, 일부러 사용하는 것일 수도 있다. 어떠한 경우에서든 언어적 과정이 치료대상자 자신이나 집단 내 다른 치료대상자에게 치료를 방해하는 일이 생긴다면 언어적 과정을 생략하는 것이 더 낫다.

5. 요약과 즉흥연주 사례

본 장에서는 임상음악 즉흥연주, 즉 즉흥연주를 이용한 음악치료에 대해서 알아보았다. 즉흥연주는 지정된 음악을 연주하는 것이 아니라 치료사가 제시하거나 혹은 치료대상자 자신이 즉흥적으로 감정에 이끌리는 대로 연주함으로써 치료대상자의 생각과 정서를 표현하도록 이끄는 방법이다. 임상음악 즉흥연주는 음악을 청취하는 소극적인 청취와는 달리 치료 대상자가 치료사와 함께 직접 음악을 연주하거나 노래를 부름으로써 치료과정에 적극적이고 능동적으로 임하게 하는 접근방법이다.

즉흥연주는 집단으로도 많이 활용되는데, 집단 내 구성원이 서로 음악적 경험과 연주 과정에서 겪은 감정을 교류함으로써 긍정적인 상호관계를 형성하도록 돕기 때문이다. 즉흥연주에는 다양한 악기를 사용할 수 있는데, 치료사가 직접 고르기보다는 치료대상자의 선택을 존중할 필요가 있다. 전체적으로 어우러질 수 있도록 치료사가 자신의 악기를 적절하게 선택하는 것도 필요하다. 즉흥연주 후에는 필요에 따라 연주 과정에서 겪은 감정을 되돌아보고 다시 생각하고, 또 타인과 공유할 수 있는 언어적 과정을 거치기도 한다.

이 장에서 전달하고자 하는 메시지 가운데 강조하고 싶은 것은 치료대상자와 함께 하는 즉흥연주 음악치료의 효과를 높이기 위해서는 치료사의 능력이 좌우한다는 것이다. 치료사가 사전작업을 통해 즉흥연주를 얼마나 준비하느냐에 따라서 결과가 달라질 수 있기 때문이다. 치료사가 더 많이 준비할수록 치료대상자는 즉흥연주의 환경을 더욱 편안하게 느끼고, 쉽게 시도할 수 있을 것이다.

사례)

대학원 수업시간이었다. 한 학생이 늦게 들어왔는데 쓰러지다시피 하면서 맨 뒤에 앉았다. 얼굴도 들지 않은채 고개를 푹 숙이고 있었다. 평소에는 늘 명랑하고 밝은 표정의 학생이었다. 그런데 그날은 힘이 하나도 없어보였고, 얼굴도 창백해보였다. 그냥 그대로 두고 모르는 척 지나갈 수가 없었다. 나는 그 학생을 향하여 "○○○학생 무슨 일인가요? 많이 힘들어 보이네요!" 그 학생은 대답했다. "교수님 조퇴하겠다고 말씀드리려고 왔습니다." "갈 때 가더라도 무슨 일인지 말씀을 해줄 수 있나요?" 그 학생은 잠시 망설이더니 이렇게 말은 했다. "교수님, 방금 전에 전화를 받았어요. 엄마처럼 여기는 큰 언니가 암선고를 받았데요. 하늘이 무너지는 것 같아요!"하면서 울먹였다. 내 속에서 저 상태로 집으로 그냥 보내서는 안되겠다는 생각이 들었다. 마음의 상처를 깊게 입은 저 학생의 마음을 치료해줘야겠다는 생각이 강하게 밀려왔다. 그 시간은 즉흥연주를 주제로 하는 수업시간도 아니었는데... 순간 통증치료를 위한 즉흥연주 세션을 해야겠다는 생각을 했다.

"잠시 이리 앞으로 나와볼래요?"

다행히 그 학생은 거부하지 않고 앞으로 나왔다. 악기들이 놓여져 있는 곳으로 나오라고 했고, 나머지 8명의 학생들에게 그 학생 앞에 한 줄로 서라고 말했다. 그리고 학생에게 각 사람에게 어울리는 악기 하나씩을 골라 손을 들려주라고 했고, 악기를 받은 사람들은 동그랗게 자리에 둘러 앉았다. 그리고 그 학생에게는 한가운데로 나와 앉아서 한 사람씩 시작하여 즉흥으로 지휘를 해보라고 했다.

학생은 고개를 숙인채 자그마한 손짓으로 지휘를 하기 시작했다. 여기저기서 댕댕, 탁탁, 똑똑,... 소리가 나기 시작하자 학생은 눈물이 흐르기 시작했다. 하염없는 눈물이 두 볼을 계속해서 적셨다. 소리들이 점점 커지면서 그 학생은 더 많은 눈물이 흐르더니 상체가 들썩이면서 슬피울었다. 참여한 학생들도 어느덧 함께 울고 내 눈에서도 눈물이 흘렀다. 5분쯤 지났을까? 학생의 눈에서 눈물이 그치고 어느 정도 안정을 찾았다고 생각할만한 그때 학생은 즉흥연주 지휘를 마무리했다. 온몸을 짓누르는 것 같은 큰 무게감은 사라져 보였으나 무력감으로 보여지는 모습은 그대로 남아있어 보였다. 간단한 피드백을 나누고 세션을 한번 더 하자고 제안했다.

두 번째 세션이 시작되었다. 시작부터 손동작이 달랐다. 조금 전에는 힘이 하나도 없이 중환자의 손같이 힘이 없어 보였었는데 두 번째 세션은 손에 힘이 있어 보였다. 8명의 학생들도 연주하는 모습들이 달랐다. 지휘하는 손짓이 달라졌으니 당연히 연주하는 소리들이 달라질 수 밖에... 소리는 점점 역동을 일으키기 시작했다. 부정적 정서에서 점점 긍정적 정서로 조금씩 옮겨가기 시작할 그 무렵 곧 마무리를 짓고 말았다. 조금 전에 하늘이 무너진 듯 힘들고 슬펐는데 시간이 얼마 지나지 않아서 긍정적 감정을 표현하는게 불편했을 수도 있겠다 싶었다. 참여자들과 간단한 피드백을 나누고 세 번째 세션에 다시 들어가기로 다시 제안하고 그렇게 하기로 했다.

세 번째 세션이 시작됐다. 시작하는 첫소리부터 너무도 달라졌다. 지휘하는 손에서는 강력한 힘이 나오기 시작했다. 그리고 참여자들도 지휘자의 지휘에 따라 함께 하면서 점점 강력한 역동이 휘몰아치기 시작했다. 이젠 20여분 전의 그 학생이 전혀 아니었다. 얼굴에 창백함도 전혀 보이지 않고, 힘들어하는 모습은 커녕 그녀의 얼굴은 다양한 소리를 하나로 어울어지게 하는 창조적 예술을 빚어내는 그 열정! 그 자체였다. 내 평생 본 지휘 중에 최고의 지휘를 보고 있는 것 같았다. 기쁨과 열정의 에너지로 가득 넘칠 뿐이었다. 무대에서 세계적인 지휘자가 최상의 연주를 할 때 저런 모습이었으리라.

절망, 슬픔, 낙담, 어두움 이 모든 부정적 정서를 약 30분만에 완벽하게 날려버린 이 음악치료의 힘의 크기와 깊이와 넓이는 도대체 어디까지일까?

나 스스로 그저 놀랄뿐이었고 평생 결코 잊을 수 없는 임상경험이었다.

참고 문헌

윤명희. "그룹을 위한 음악치료 즉흥연주: 필수적인 리더쉽 자질". 숙명여자대학교 석사학위논문, 2008.

정유진. "그룹을 위한 음악치료 즉흥연주: 필수적인 리더쉽 자질". 숙명여자대학교 석사학위논문, 2008.

Aigen, K. Paths of development in Nordoff-Robbins music therapy. Gilsum, NH: Barcelona, 1998.

Alvin, J., Free improvisation in individual therapy. British Journal of Music Therapy, 13(2), 9-12, 1982.

Hiller, J., Use of and training in clinical improvisation among music therapists educated in the United States. Unpublished survey, 2006.

Nordoff, P., and Robbins, C. Creative music therapy: Individualized treatment for the handicapped child. New York: John Day, 1977.

Priestley, M., Music therapy in action. London: Constable, 1975.

Priestley, M., Essays on Analytical Music Therapy. Gilsum, NH: Barcelona, 1994.

Wigram, T., Improvisation: Methods and techniques for music Therapy clinicians, educators, and students. London: Jessica Kingsley, 2004.

3부
노래와 노래심리치료

앙리 마티스 - 음악(Music)

제6장 노래심리치료 I

1. 노래란 무엇일까?

노래는 음악의 한 형태이다. 노래는 단순히 언어라기보다는 순간의 감정 상태를 선율과 리듬 형태에 맞춰 음색을 통해 자신의 감정을 표현하고 탐구하는 도구이다. 노래는 인간이 사용한 가장 오랫동안 희·노·애·락을 표현하고 가장 깊숙한 내면을 자연스럽게 드러낼 수 있는 수단이라 할 수 있다.

노래는 자신의 삶에 대한 시각과 태도를 성찰하고 문제를 간접적이고 자연스럽게 다루도록 하여 심리적인 문제를 다루는 기회를 제공한다.[40] 노래를 구성하는 가사는 어휘를 사용하여 전달하는 내용의 분명한 의미를 드러낸다. 특히 노래 가사는 가창자가 스스로 일상의 삶을 돌이켜보며 문제의 해결을 위한 대안을 제안하거나 자신이 가진 생각을 자연스럽게 설득하는 기능을 갖고 있다.[41] 또한, 선율은 음고, 길이, 세기 등의 요소가 가사와 결합되어 심리·정서적인 측면을

---

40) 정현주. "청소년의 음악 감상 행동에 관한 연구". 이화여자대학교 석사학위논문. 2005.
41) 임지혜. "노래심리치료를 통한 청소년의 시험불안 감소에 관한 연구". 이화여자대학교 석사학위논문. 2009.

지지한다. 아울러 선율은 가사로 표현되기 어려운 차원의 정서를 보다 수월하게 반영해주어 노래를 보다 섬세하고 깊이 있게 정서를 표현하는 수단으로 만들어준다.[42] 따라서 노래는 삶의 문제를 이해하고 해석하는 도구가 된다. 가사는 자신의 문제를 인식과 관점의 변화를 가져오게 도와주는 역할을 하여 개인의 건강한 심리적 힘의 발휘 및 내적 자원의 활용을 유도한다.[43] 노래는 크게 인지적 측면과 정서적 측면에서 개인에게 긍정적인 영향을 주는데 간단히 설명하자면 다음과 같다.

(1) 노래의 인지적 측면

노래는 자신의 느낌, 생각 등을 사고하고 탐색하도록 도우며, 가사를 통해 자연스럽게 인지 과정에 개입하도록 유도한다. 노래를 활용한 활동은 기억을 향상시키고 주의산만을 감소시키며, 각 음악적 처리과정을 통해 활성화되어 대뇌 각성 수준을 향상시킨다.[44] 노래는 인지적으로 각각의 경험적 기억들과 연결되어 있다. 특히 가창자의 삶에 의미가 있거나 익숙한 노래들은 정서적 반응을 통해 특정 기억들을 자연스럽게 떠올리게 하여 기억 개선에 긍정적 영향을 미친다.

---

42) 임현정. "노래심리치료가 내재화된 정서 문제를 갖는 청소년의 자아존중감 증진에 미치는 영향". 이화여자대학교 석사학위논문. 2009.
43) 윤주리. 집단음악치료가 관심병사의 군 생활 스트레스와 적응에 미치는 효과. 한국음악치료교육연구. 9 (1). pp. 55~71. 2012.
44) 구민재. "그룹 노래심리치료 프로그램이 시설노인의 생활만족도에 미치는 영향". 이화여자대학교 석사학위논문. 2008.

노래는 가사에서 자신의 상황 및 생각과 유사한 경우 감정적 동화로 인해 공감을 일으킨다. 이러한 경험은 가창자가 자신의 문제를 인식하고 다루는 데에 지지적 기반으로 작용하며 효과적인 인지적 반응을 보이도록 유도힐 수 있다. 청각을 통해 뇌에 전달된 노래의 음악 정보는 변연계(limbic system)를 거치면서 편도체의 뉴런(neuron)을 활성화해 인지적 반응뿐 아니라 정서적 반응도 불러일으킬 수 있다.[45] 이때 제공되는 음악의 정보가 흥미롭거나 의미가 있는 경우 편도체는 이를 긍정적인 반응으로 수용한다. 그리고 해마(海馬)의 기능과 연합되어 주의 집중 및 기억에도 긍정적 영향도 미친다.

(2) 노래의 정서적 측면

노래는 인간이 삶을 살아가면서 겪는 모든 과정에서 느낄 수 있는 기쁨, 슬픔, 좌절, 불안, 희망 등의 감정을 표현하는 수단이다. 노래는 정서적으로 인간이 자신의 감정 및 생각의 변화를 쉽게 끌어내며, 자신의 모습을 노래 안에서 확인하고 다양하게 발전시킨다.[46] 또한, 노래 가사는 기억을 유도하고 긍정적인 정서의 기억을 회상하는 데 도움을 준다.

노래는 정서적인 측면에서도 큰 영향을 끼친다. 노래가 가진 가장 큰 특징은 가사와 선율을 통해 가창자의 이야기와 정서를 전달할 수

---

45) Wigram, Tony. Improvisation: Methods and Techniques for Music Therapy Clinicians, Educators and Students, New York: Jessica Kingsley Publishers, 2004.
46) Kenneth Aigen. 이경숙, 류 리. 「음악중심 음악치료」 서울: 학지사, 2011.

있다는 것이다.[47] 노래는 안전하고 비위협적인 환경에서 대화를 유도하며, 그 과정을 통해 불안감과 자기방어를 감소시키므로 심리적 치료과정에서 긍정적으로 활용될 수 있다.

치료사는 노래를 이용하여 치료대상자 스스로가 자신의 심리적 문제에 자연스럽게 접근할 수 있도록 도와야 한다. 그때 치료대상자의 이야기와 정서 또한 다른 악기보다 더 수월하게 전달받을 수 있다. 치료사는 이를 활용하여 치료대상자에게 의미 있는 노래를 부르거나 듣게 하여 치료대상자의 반응을 확인할 수 있다. 치료사는 치료대상자가 과거 및 현재에 직면한 내적 갈등을 간접적으로 파악하고, 치료대상자 스스로가 자신의 감정을 되돌아보고 해결할 수 있도록 돕는다. 이렇게 함으로 궁극적으로는 삶의 질을 향상시킬 수 있다.[48] 치료대상자는 노래를 통해 과거의 사건을 회상하고, 미처 깨닫지 못했던 감정을 의식화, 명료화하는 과정을 겪는다.

2. 노래심리치료의 치료적 기능

목소리는 표현과 소통의 도구이며, 목소리의 음색은 개인의 정체성

---

47) 윤주리. 조건부 기소유예 판결을 받은 학교폭력 가해 청소년의 음악치료 경험에 관한 연구: 자기결정성을 중심으로. 인간행동과 음악연구. 11(1). pp. 63-82, 2014.
48) Katrina McFerran. 청소년 음악치료: 임상 및 교육을 위한 방법. KMT, 최미환, 홍인실, 장은아 옮김. ACA, 2012.

율 상징한다. 특히, 목소리를 말이 아닌 음악적으로 활용할 때 그 의미는 더 깊어진다.

노래는 의술이 발달하기 이전에 토착 문화에서 아픈 사람들을 치료하기 위해 사용되었다고 알려져 있다. 샤먼 문화의 공통점 중 하나는 리듬과 목소리를 사용하여 치료한 점이다. 주술사들은 춤을 추며 리듬을 통해 무아지경에 도달하고, 소리와 노래를 통해 신들과 접하여 질병을 낫게 해달라고 호소하였다. 이처럼 노래는 인류의 역사에서 감정의 표현뿐만 아니라 치료의 목적으로도 오랫동안 사용되어왔다.

음악심리치료에서 악기 연주가 아닌 노래를 활용하는 접근법을 노래심리치료라고 한다. 노래심리치료는 다양한 형태의 노래를 치료의 주 자원으로 하여 대상자의 삶의 질을 향상하는 데 도움을 주는 음악심리치료의 한 방법이다. 노래심리치료에 사용되는 노래 가사는 치료대상자의 감정과 사고를 강화하고 보다 명확하게 강조하는 역할을 한다. 또한, 노래심리치료는 노래에 담긴 가사, 선율, 화성, 박자 등의 음악적 특징을 이용하여 치료하는 것이다. 따라서 치료대상자의 의식과 무의식 등의 내면 문제를 자연스럽게 투사하도록 유도함으로써 내면의 문제를 효과적으로 해결할 수 있는 치료의 방법이라 하겠다.

브루샤(Bruscia)[49]는 노래를 통해 인간은 자신의 감정을 탐구할 수 있다고 했다. 노래는 우리의 기쁨과 슬픔을 이야기하며 가장 깊숙한

---

49) Bruscia, Kenneth E. Defining Music Therapy. Gilsum, NH: Barcelona Publishers, 1998.

내면의 비밀을 드러내 준다. 또한 희망과 좌절, 불안과 승리의 순간들도 표현해 준다고 하였다. 이처럼 노래가 가진 특성은 노래가 심리치료의 수단으로서 역할을 담당하기에 적합하다는 것을 보여준다.

노래심리치료는 노래를 통해 구체적으로 자기를 표현하도록 함으로써 현재 치료대상자가 처한 자신의 상황과 문제들을 노래 안에서 동일시하게 해준다. 치료대상자는 노래를 통해 자기 자신을 스스로 어떻게 왜곡하고 있는지 깨달을 수 있을 뿐 만 아니라 자신이 누구이고 현재 어떤 상태에 있는가에 대한 감정을 표현할 수 있게 해준다. 그 밖에도 노래심리치료가 가지는 노래의 치료적 기능은 다양하다.

첫째, 노래는 인간의 본질을 반영해준다. 인간 내면의 다양한 감정들을 전달하는 것으로 치료대상자가 언어적으로 표현하기 어려운 고통의 감정을 안전하게 표출할 수 있도록 도와준다. 즉, 노래가 치료대상자의 감정을 반영하고 표현하며, 타인의 감정 또한 수용할 수 있게 해주는 매개체의 역할을 하는 것이다.

둘째, 노래 안에는 인간의 삶의 다양하고 보편적인 부분이 담겨 있다. 그러므로 치료대상자는 노래를 통해 삶 속에서 경험할 수 있는 수많은 주제와 만나면서 자신의 상태를 객관적으로 바라볼 수 있게 된다. 특히, 치료대상자는 노래 안에서 자신과 비슷한 문제를 가진 다른 사람의 삶을 재경험해 볼 수 있다. 그럼으로써, 객관적인 관찰자 입장에서 자신의 문제에 좀 더 가까이 다가갈 수 있게 되는 것이다.

셋째, 노래는 비위협적인 방법으로 치료대상자가 자신의 내면을 탐색하고 깊이 있게 관찰할 수 있도록 환경을 조성한다. 일반적으로 심리적인 문제에 대해서 사람들은 자신의 문제와 직면하는 것을 두려워한다. 그러나 노래는 치료대상자가 굳이 말로 자신의 상태를 표현하지 않아도 무의식에 있는 자신의 감정과 갈등을 자연스럽게 드러낼 수 있도록 도와준다. 따라서 치료대상자에게 심리적으로 위험이나 부담을 주지 않으면서도 내면을 살펴보는 것이 가능하다.

마지막으로, 노래는 치료대상자의 필요와 선호도에 따라 감상이나 작곡 등 작업 형태를 다양하게 변화시켜 활용할 수 있다. 주의해야 할 점은 치료사는 같은 노래라도 치료대상자의 주된 심리적 문제나 성향에 따라 다른 수준과 방법으로 접근해야 한다는 것이다.

정현주[50]는 노래심리치료의 치료적 기능을 문제의 규명, 감정이입, 투사, 자기 정화, 설득, 보편화, 외면화, 그리고 자기표현이라고 하였다. 이에 대해 간단히 설명하자면 다음과 같다. 문제의 규명이란 노래를 통해 자신의 내면적 문제와 정서를 확인할 수 있음을 말한다. 감정이입은 노래 가사를 통해 노래가 다루는 내용에 대한 감정을 경험하고 공감하는 과정을 말한다. 투사는 공감에서 더 나아가 노래가 다루고 있는 감정이나 문제점에 자신을 동일시하는 것을 말하며, 자기 정화는 이러한 감정을 표출시키는 것을 의미한다. 이러한 과정을 거쳐 설득의 단계에 이르게 되면 치료대상자는 가사를 통해 현재 대면하고 있는 심리적 문제에 대해 새로운 시각과 해결방법을 찾게 된다. 보

---

50) 정현주. 「음악치료학의 이해와 적용」 이화여자대학교출판부, 2005.

편화는 가사를 통해 본인의 문제가 타인들도 경험할 수 있는 보편적인 일임을 인식하는 것이다. 외면화는 무의식적으로 노래에 대한 긍정적인 반응과 함께 내재한 갈등이나 문제를 규명할 기회를 제공함을 의미한다. 자기표현은 본인의 문제를 노래를 통해 전달하고 표현하는 것을 의미한다.

이러한 과정을 통해 노래심리치료는 위협적이지 않고 자연스럽게 내면의 심리문제를 통찰하고 긍정적인 자아상을 만들어가도록 돕는다.

노래는 언어의 인지적인 요소와 음악의 감정적인 요소를 모두 가지고 있어 치료대상자의 인지와 감정을 동시에 자극한다. 그래서 개인이 자기 생각과 느낌을 보다 풍부하고 구체적으로 표현할 수 있게 도와준다. 노래 가사는 음악과 연결되었을 때 인간의 심리에 강력한 영향을 줄 수 있다, 가사는 인간의 내면을 반영하며 자신이 미처 깨닫지 못하는 것을 명확하게 해 준다. 그리고 가사와 음악이 결합하였을 때는 사고와 행동을 구조화할 수 있으며, 잃어버린 감정을 명료화하여 앞으로 나아갈 길도 제시해 준다. 다시 말해서, 노래는 음악과 언어를 하나의 의사소통 체제로 재결합한 것으로, 언어만으로는 얻을 수 없는 다양한 수준의 감정들을 표현하도록 해 준다

3. 노래심리치료 프로그램

노래심리치료에서 활용되는 기법은 다음과 같이 구분할 수 있다.

(1) 노래 부르기
(2) 직접 부르는 노래, 녹음된 노래 감상
(3) 노래 만들기
(4) 노래 분석 및 토의
(5) 노래로 의사소통하기
(6) 노래 회상

노래는 사람의 감정에서 나오는 생각과 태도, 가치, 행동에 쉽게 접근하여 감정 변화를 위한 수단을 제공한다. 노래를 이용한 음악치료 프로그램은 다양한데, 가장 대표적인 것이 노래를 듣거나 부르는 것이다. 노래를 듣거나 분석 및 토의를 하는 것은 치료적 주제에 따라 선곡된 노래를 감상하고 분석하는 과정이다. 이것은 노래가 표현하는 이슈와 느낌을 재경험하고, 노래 가사가 대상자에게 어떤 의미를 주는지 살펴보는 과정이다. 이를 통해 치료대상자는 내면의 감정을 노래 가사를 통해 명확히 하며, 타인을 공감하고 투사하는 과정을 통해 객관적으로 살펴볼 수 있게 된다. 또한, 보편화를 통해 자신의 감정을 조절할 수 있도록 돕는다.

노래를 들은 후 노래 가사를 가지고 토의하는 방법이 있다. 이것은 일반적으로 치료사가 개별 세션의 초기 단계에서 치료적 관계를 형성하고 신뢰를 쌓는 수단으로 유용하게 사용할 수 있다. 치료사는 치료대상자가 선호하는 음악에 대해 이해할 때 신뢰가 형성된다. 이때 치료대상자는 이러한 환경에서 더욱 많은 정보를 털어놓고 음악과의 관계를 잘 형성할 수 있다. 노래를 부르거나 만들고, 노래로 의사소통을 하는 것은 치료대상자 내면의 감정과 생각을 직접 표현하여 자연스럽게 갈등과 마주하고 해결할 수 있도록 돕는 것이다.

마지막으로 노래 회상은 노래와 연관된 인생의 사건을 되돌아보는 것으로 주로 노인들을 대상으로 실시한다. 이와 관련하여 음악자서전 만들기의 방법도 함께 활용할 수 있다. 이는 치료대상자가 자신의 생애를 몇 단계의 기간으로 나누어 각 단계 안에서 자신에게 어떤 일이 있었는지 음악적으로 묘사하는 방법이다. 이를 통해 음악 경험이 자신의 삶에 미친 중요성을 검토하고 전반적인 자신의 삶을 되돌아볼 수 있게 된다. 노래 회상에 대한 자세한 내용은 다음 6장에서 다루도록 하겠다.

4. 토닝의 치료적 기능과 효과

토닝(Toning)이란 일정 톤을 유지하면서 신체를 공명하고 긴장된 몸의 부위에 진동을 제공하여 이완을 유도하는 것이다. 일종의 목소리로 치료하는 기법 중 하나로 일명 음성치유법이라고도 한다. 목소리는 신체에너지의 가장 효과적인 치료적 도구이다. 음성 그 자체는 사람에게 주는 치유력이 있다. 이 점을 이용한 것이 바로 토닝이다.

토닝(Toning)은 미국 콜로라도의 한 선교사인 엘리자베스 키이즈 (Elizabeth Keyes)에 의헤 개념화되었나. 그녀는 어느 날 가슴과 목에서 강한 감정과 에너지가 감지되어 입을 열고 '라'라고 목소리를 내 보았더니 몸 전체에 공명이 느껴지면서 동시에 감정이 발산되는 듯한 정화적 경험을 가졌다고 한다. 그 후 가사 없이 특정 톤과 모음으로 소리를 내는 것을 '토닝'이라고 부르게 되었다. 미국 음악교육건강연구소의 돈 캠벨(Don Campbell) 박사에 따르면 토닝은 신체에 산소를 공급하고 호흡을 깊게 하며 근육을 이완시키고 에너지 흐름을 촉진한다고 하였다. 즉 발성을 통해 뇌의 혈류를 원활하게 하고 뇌 신경을 자극하여 전신을 활성화시키는 것이다. 흔히 말을 많이 하면 피곤해져서 잠이 잘 온다고 한다. 그만큼 음성이 뇌 운동을 많이 시킨다는 것이다.

토닝이란 신체의 균형을 복원하기 위해 지속적인 모음 소리를 의식적으로 사용하는 것을 말한다. 소리를 내기 시작하면 몸에서 진동이 일어나기 시작한다. 이때 몸 안에 봉쇄된 에너지를 자유롭게 하고 정서적, 신체적 스트레스와 긴장을 해소되면서 신체의 특정 부분과 함께 공명하는 것을 경험하게 된다.[51]

---

51) Laurel E. Keyes, Don Campbell. Toning: The Healing Power of the Voice. Devorss & Co, 2008.

몸에 질병이 있을 때 병이 발생한 부위의 세포 진동수는 건강한 세포의 진동수와 다르다. 질병이 생기는 까닭은 각 세포가 가진 고유의 진동수를 잃어버렸기 때문이다. 이때 자율진동을 시도하면 건강한 리듬을 잃어버린 세포들이 본래의 리듬을 되찾으면서 치유가 일어난다. 이런 점에서 토닝은 놀라운 치유적 힘이 있는 것이다.

토닝의 즉시성은 내담자에게 신체적, 정서적, 영적으로 '지금 여기'에서의 음악적 만남을 제공하게 된다. 그리하여 토닝은 변환 의식상태(altered state of consciousness)를 만들어주는데 무의식적 정신상태를 의식적 정신상태로 변화시켜주는 중재역할을 한다.

토닝을 할때에 몸에서 진동이 일어나는데 이때 몸에 차크라를 진동시키고 활성화시키면서 치료를 일으킨다는 것이다. 차크라란 인도의 오랜 전통에 걸쳐 발전되어온 생리학 및 심령 센터에 관한 밀교 중세시대 이론의 일부이다. 이 이론은 인간의 삶이 하나의 '육체'(sthula sarira)와 '심리적, 감정적, 정신적, 비물리적'인 미묘한 몸(suksma sarira)이라고 불리우는 두 가지 평행이 한 차원에 동시에 존재한다고 가정했다는 것이다. 이러한 미묘한 몸은 그 자체가 에너지이고 동시에 육체는 질량이라는 것이다. 정신 또는 마음 평면은 신체 평면에 상응하고 신체 평면과 상호 작용한다고 하면서 이렇게 신체와 마음이 서로 영향을 미친다는 것이다.

이렇게 미묘한 몸은 차크라(chakra)라고 불리는 심령 에너지의 노드들로 연결된 나디(Nadi, 에너지의 통로)라고 말하는 에너지 채널로 구성된다고 했다. 이 이론은 미묘한 신체 전체에 걸쳐 8만 8천 개의 차크라가 있다고 하면서 광범위하고도 정교하게 발전해왔다. 가장 중요한 것으로 여겨지는 차크라는 다양한 전통에 따라 다양했지만 일반적으로 4~7개의 범위를 보였다.

중요한 차크라는 척추를 따라 기둥에서 머리 꼭대기까지 수직 채널로 연결된다. 특히 소리에서 모음소리와 관련하여 아, 어, 에, 이, 오 다섯 가지 모음을 낼 때 일어나는 진동의 에너지는 대표적인 차크라의 7개 채널을 통해 몸 안으로 들어간다는 것이다.

목소리를 모음으로 낼 때 다섯 가지 모음을 구체적으로 살펴보면 다음과 같다.

첫째, 닫힌 '오'를 내면 생식기에 해당이 되는 곳에 진동이 일어나는데 이것을 근원이라고 한다. 가장 낮은 곳의 차크라이다. 두 번째, 열린 '오' 모음을 내면 배의 위치에 있는 차크라를 진동시키고, 세 번째, '어'를 내면 명치 부분의 차크라, 네 번째, '아'를 내면 가슴 부분, 다섯 번째, '에'는 목 부분, 여섯 번째, 열린 '이'는 미간, 마지막 일곱 번째, 닫힌 '이'는 머리의 가장 꼭대기 위에 있는 정수리 부분을 진동시킨다. 이 부분을 왕관 차크라라고 한다. 이렇게 소리를 통해 일곱 군데의 차크라를 진동시키면서 몸에 에너지가 활성화될 때 치료가 일어난다는 것이다.

대부분의 심리치료사들은 목소리의 정동, 음색, 음조, 빠르기와 세

기로부터 정보를 인식할 수 있기에 토닝 하나를 가지고도 치료대상
자의 목소리를 통해 정보를 인식하여 심리적인 치료뿐 아니라 신체
까지도 치료할 수 있음을 알 수 있다.

참고 문헌

구민재. "그룹 노래심리치료 프로그램이 시설노인의 생활만족도에 미치는 영향". 이화여자대학교 석사학위논문, 2008.

신미희, 강경선. MIDI 건반을 활용한 치료적 악기연주가 뇌졸중 편마비 노인환자의 손기능에 미치는 영향. 재활심리연구. 23 (1). pp. 123-136, 2016.

윤주리. 집단음악치료가 관심병사의 군 생활 스트레스와 적응에 미치는 효과. 한국음악치료교육연구. 9 (1). pp. 55-71, 2012.

윤주리. 조건부 기소유예 판결을 받은 학교폭력 가해 청소년의 음악치료 경험에 관한 연구: 자기결정성을 중심으로. 인간행동과 음악연구. 11 (1). pp. 63-82, 2014.

임지혜. "노래심리치료를 통한 청소년의 시험불안 감소에 관한 연구". 이화여자대학교. 석사학위논문, 2009.

임현정. "노래심리치료가 내재화된 정서 문제를 갖는 청소년의 자아존중감 증진에 미치는 영향". 이화여자대학교 교육대학원 석사학위논문, 2009.

장지윤. "노인 뇌졸중 환자의 우울증상에 대한 노래심리치료의 효과". 이화여자대학교 교육대학원. 석사학위논문, 2005.

정현주. "청소년의 음악 감상 행동에 관한 연구". 이화여자대학교 석사학위논문, 2005.

정현주. 「음악치료학의 이해와 적용」 이화여자대학교출판부, 2005.

한진희·이재은·박정환·이상희·강현식. 12주간 유산소 운동이 노인의 체력과 우울증 및 인지기능에 미치는 영향. 운동과학. 23 (4). pp. 375-385, 2014.

홍영규, 강영실. 음악프로그램이 치매노인의 인지기능과 문제행동에 미치는 효과. 노인간호학회. 11 (1). pp. 5-15, 2009.

Bruscia, Kenneth E. (1998). Defining Music Therapy. Gilsum, NH: Barcelona Publishers.

Katrina McFerran. 최미환, 홍인실, 장은아 옮김. (2012). 청소년 음악치료: 임상 및 교육을 위한 방법. KMTACA.

Kenneth Aigen. 이경숙, 류 리. 「음악중심 음악치료」 서울: 학지사, 2011.

Laurel E. Keyes, Don Campbell. Toning: The Healing Power of the Voice. Devorss & Co, 2008.

Wigram, Tony. Improvisation: Methods and Techniques for Music Therapy Clinicians, Educators and Students. New York:Jessica Kingsley Publishers, 2004.

앙리 루소 – 뱀을 부리는 주술사

제7장 노래심리치료 II

1. 노래와 회상 그리고 치료

노래 회상(song reminiscence)은 노래 가사 토의와 비슷하게 노래와 연관된 인생의 사건들을 돌아보는 일에 활용할 수 있다. 노래 회상은 루스 브라이트(Ruth Bright)의 저서 "노인 간호에서의 음악(Music in Geriatric Care)"에서 처음으로 언급된 기법이다.[52] 보통은 치료대상자가 선호하는 노래를 부르게 한 후 치료사와 치료대상자가 함께 노래와 연관된 토의를 진행한다. 치료대상자의 기능 수준에 따라 다음과 같은 언어적 중재가 이루어질 수 있다.

* 이 노래의 어떤 점이 마음에 드세요?
* 이 노래가 만들어진 시기에 당신의 인생에는 어떤 일이 있었나요?
* 당신에게는 이 노래가 어떤 의미가 있나요?
* 이 노래는 당신의 인생에서 중요했던 무언가를 떠올리게 하나요?

---

52) Bright, R. Music in Geriatric Care. Sydney: Angus & Robertson, 1972.

음악치료사는 전반적인 노래를 부른 후의 느낌에 대해서 질문할 수 있다. 또한, 노래에서의 주요 가사를 찾아서 치료대상자에게 관련된 경험이 있는지 물어볼 수도 있다. 노래 회상은 좋은 기억으로 남아 있던 시절을 노래를 통해 회상하는 것이다. 치료대상자는 자신의 인생을 전반적으로 돌아보고 긍정적인 재경험을 함으로써 인지적, 정서적으로 치료의 효과를 기대할 수 있다.

노래 회상과 관련된 연구결과에 따르면 대부분의 노인 치료대상자들이 선호하는 노래는 그들이 20~30대였을 때 출시된 노래였다. 치료사는 노인들이 젊은 시절에 추억하는 노래들도 알고 있어야 해당 프로그램을 제대로 진행할 수 있으므로 다양한 노래 목록에 친숙해져 있을 필요가 있다.

2. 회상의 정의 및 치료적 기능

회상이란 인간이 살아오면서 겪은 경험과 사건, 추억들을 이야기하는 것을 뜻한다. 특히 노년기에는 지나온 삶을 되돌아보며 의미 있는 과거 경험과 사건들을 돌이켜 생각하려는 회상의 빈도가 증가한다. 이러한 노년기의 회상은 과거로의 도피가 아닌 지난날의 갈등과 죄책감을 해결하고 삶에 의미를 부여하는 적응적인 기능을 한다. 회상치료는 노인들에게 과거에 경험한 사건 중 긍정적이고 유쾌한 경험을 기억하도록 유도하고 그 기억을 다른 노인들과 이야기를 통해 공유하는 것이다. 회상치료는 노년기에 자연 발생적으로 일어나는 회상을 주 자원으로 하는 치료로서 삶에 대한 초점이 외면에서 내면으로 이동한다는 노년기의 특성을 반영한 치료이다.

회상치료는 노인들이 이미 가지고 있는 본인의 경험을 주 자원으로 하므로 치료에 대한 저항이 적다. 그리고 새롭거나 특별한 훈련을 할 필요가 없어 다른 치료에 비교해 상대적으로 실행 및 적용이 쉬워 1990년 이후 널리 사용되고 있다.[53] 노년기의 회상은 단순회상과 인생 회고로 나눌 수 있다. 단순회상은 즉흥적이며 평가의 과정 없이 단순히 과거의 긍정적 기억을 다루는 것을 뜻한다. 인생 회고는 단순회상에 비교하여 준비의 과정을 통해 전반적인 인생의 사건과 긍정·부정적 경험을 모두 다루면서 구조적이며 개별적인 접근을 강조하고 평가하는 방식이다.[54]

회상치료를 진행할 때에 어린 시절의 기억은 일반적으로 기억장애가 있는 치매나 경도인지장애자도 가능하다. 그들도 어린 시절의 기억은 좀처럼 없어지지 않고 잘 보존되어 있으므로 회상의 주제로 적합하다. 어린 시절의 기억은 대부분 행복한 내용이 많으며 어릴 적 부모님과 가족들에 대한 초기 기억, 어린 시절 즐겨 하던 놀이, 학창 시

---

53) 정해인. 국내 장기요양보험서비스를 제공 받는 치매 환자 대상 작업 중심 회상치료 효과에 대한 체계적 고찰. 신경재활치료과학. 3 (1). pp. 31-37, 2014.

54) 유석분, 김민석. 회상요법의 효과에 대한 메타분석. 한국 사회복지 조사 연구. 46. pp. 133-164, 2015.

절 등이 좋은 주제가 될 수 있다. 가족사는 자신의 결혼식이나 자녀들의 출생, 성장, 가족들과 사건, 가족 내 독특한 전통, 관습, 특색 있는 명절, 인상 깊었던 장소, 여행지 등을 포함한다. 이러한 소재들은 회상 유도의 좋은 주제가 될 수 있다.

노인 치료대상자는 과거의 자신의 삶과 주요 사건들을 돌아볼 필요가 있다. 이러한 정리 경험을 통해 노년기에 접어드는 자신의 상태를 인정하고 저항 없이 받아들일 수 있기 때문이다. 인간은 노년기에 접어들면서 자신의 신체적, 심리적으로 퇴화하는 과정을 겪으며 혼란을 겪기 쉽다. 이로 인해 불안이나 우울감을 느끼면서 삶의 질이 저하되는 경우가 많다. 회상치료는 이러한 노인을 대상으로 타인의 판단과 상관없이 자기 스스로가 자신의 인생에 대해 후회 없이 있는 그대로 받아들이는 자기 수용과 인정의 과정을 밟을 수 있도록 돕는다. 이러한 과정은 노년기에 있어서 삶의 만족도에 크게 영향을 미치는 중요한 일이다.

(1) 회상의 인지적 기능

회상은 치료대상자의 인지적 기능을 향상하는데, 이에 대해 간단히 설명하면 다음과 같다.

첫째로 회상은 떠오른 과거의 삶의 내용을 통합하고 주요 사건들을 인지적으로 재해석하는 기회를 제공한다. 둘째, 회상은 자서전적 기억(autobiographical memory) 중 긍정적 기억과 적응적 기억들을 통합하고, 부정적 기억과 부적응적 기억들은 재해석하는 과정을 갖도록 한다(Bohlmeijer, 2007). 셋째, 회상은 노년기에 접어들어 인지적 기능이 쇠퇴한 치료대상자의 희미한 기억을 보다 명료하게 만들어준다. 전반적인 심리 및 인지기능 향상에도 도움을 준다.

노년기에 접어든 치료대상자는 회상을 통해 미해결된 과제에 대한 아쉬움과 해결된 과제에 대한 뿌듯함 등을 경험할 수 있다. 이 경험은 자신이 살아온 삶 전체를 인지적으로 재평가하며 과거와 현재를 수용하게 해준다. 특히, 부정적이거나 실패했던 경험을 다시 생각하게 되면서 후회보다는 지나간 일로써 수용할 수 있도록 돕기 때문에 부정적인 감정을 감소시켜준다. 또한, 좋았던 일을 추억함으로써 자부심과 성취감을 고양시켜주므로 노인의 인지적, 정서적 기능을 모두 향상시키는 결과를 불러온다.

(2) 회상의 정서적 기능

회상은 치료대상자의 인지적 기능뿐만 아니라 정서적인 측면에서도 긍정적인 영향을 주는데 이에 관해 설명하자면 다음과 같다.

첫째, 회상은 의도적으로 특정 시점과 상황을 떠올리게 하여 과거의 정서를 재경험하게 유도하는 기능을 한다.

둘째, 회상은 지나온 과거를 직면하고 이에 대해 다시 생각해볼 수 있도록 도와준다. 정상적인 심리적 적응을 강화해 부정적인 과거 경험이나 미해결된 갈등에 대한 심리적 통합에 매우 효과적이기 때문이다. 이 기능을 통해 노인은 해소 되지 않은 억눌렸던 부정적 감정을 간접적으로 발산하여 우울감 등의 부적 감정을 감소시키고 심리적 안정을 가질 수 있게 된다.

셋째, 회상은 자신만의 삶의 유형과 주어진 상황에 맞게 해석하도록 유도하여 생활 속에서 발생한 사건에 대한 적응방법이나 해결책을 찾을 수 있도록 도와준다. 또한, 변화한 주위 환경 및 자신의 노화 과정 등을 총체적으로 살펴보면서 이에 대해 수용할 수 있도록 돕는다.

마지막으로 회상은 노년기 삶의 만족도와 사회적 친밀감 증진 및 심리적 안정감을 느끼도록 돕는다. 자신의 회상과 타인의 회상 내용을 공유하면서 서로 공감하고 지지하는 상호작용을 통해 타인과의 의사소통 능력을 증진한다. 이렇게 회상을 통해 여러 가지 심리적인 변인들에 대한 긍정적인 영향을 기대할 수 있다.

회상치료에 참여한 노인 치료대상자들은 자신에 대해 더 깊이 이해할 수 있게 된다. 이렇게 자아 성찰의 기회를 얻음으로써 과거와 화해, 자아정체감 강화, 노화에 대한 수용 등의 노년기에 꼭 필요한 단계를 거칠 수 있게 된다.[55]

---

55) 김수경. 노인 및 치매 환자의 회상 치료 효과. 대한작업치료학회지. 11(2). pp. 143-150. 2003.

3. 노래 회상의 특징과 기능

(1) 노래 회상 활동의 인지적 기능

노래를 통한 회상은 그 노래를 알게 되거나 주로 듣고 부르던 시절에 맞는 감정적 맥락과 자전적 기억을 떠올리게 한다. 그래서 노래와 관련된 경험을 자연스럽게 기억해내도록 한다. 노래 회상의 인지적 기능은 대표적으로 세 가지가 있는데 다음과 같다.

첫째, 노래 없이 회상하는 것보다 더욱 회상을 쉽게 해준다. 인지장애 노인들의 기억력 사용 촉진을 위한 연구결과에 따르면 다음과 같다. 노인 치료대상자들이 노래를 듣고 회상하는 것이 구어적 단어 및 정보를 받아 회상하는 것보다 회상이 더 잘 이루어진다는 것으로 나타났다. 이러한 결과를 통해 노래가 회상을 더욱 쉽게 만들어주는 수단으로 사용할 수 있음을 알 수 있다.

둘째, 노래를 활용한 회상은 해당 노래와 관련된 의미 있는 기억을 자발적이고 구체적으로 회상하는 데 도움이 된다. 이는 노래가 자서전적 기억을 담당하는 내측 전전두피질이 자동으로 반응한다. 그리하여 자신의 삶과 연관된 의미 있는 노래나 사건들을 깊이 있게 회상하도록 유도해 준다. 예전에 즐겨 불렀던 노래 가사를 자연스럽게 기억하여 부르거나, 노래가 멈춰도 계속해서 이어 부르는 것이 대표적인 예시이다.

셋째, 의미 있는 노래를 활용한 회상은 기억을 담당하는 해마가 노래 가사에 집중하여 관련된 정보를 기억하게 하여 언어기능 및 인지기능을 촉진한다. 또한 가사가 가지는 관련성(계절, 기념일 등)을 통해 지남력을 향상시키기도 한다.

(2) 노래 회상 활동의 정서적 기능

회상의 기능과 마찬가지로 노래를 활용한 회상은 인지적 기능뿐만 아니라 정서적 기능에도 긍정적인 영향을 미친다.

첫째, 노래를 사용한 회상은 경도인지장애 노인의 긍정적인 정서를 경험하고 표출하는 데 도움을 준다. 노인 치료대상자에게 의미 있는 노래들은 편도체에 긍정적인 정서 반응을 유도하여 주의를 집중시키고, 자신의 삶에 대한 시각과 태도의 자연스러운 통찰을 유도한다.

둘째, 노래는 내면의 문제를 직접적이지 않으나 자연스럽게 다룰 수 있도록 돕는다. 치료대상자는 노래의 전반적인 분위기에 동화되어 내면의 의식하지 못하고 있던 감정을 의식할 수 있다. 그래서 이러한 문제를 어떻게 해결하면 좋을지에 대해 새로운 관점으로 볼 수 있게 된다. 특히, 노래는 감당하기 어려워 무의식중에 회피하고 있던 부정적 대상이나 상황에 대한 감정을 마주하고 극복할 수 있게 돕는다. 노래를 이용한 활동은 이러한 투사의 과정에서 안전하고 간접적으로 감정을 다룰 수 있도록 하므로 치료에 있어서 매우 효과적이다.

셋째, 노래를 활용한 회상 과정은 개인의 인생을 긍정적으로 재해석할 수 있는 훌륭한 수단이 될 수 있다. 특히 불안감이나 우울감을 느끼고 있는 노인 치료대상자에게 있어 자신에게 의미가 있거나 좋아하는 노래를 부르게 하는 것은 아주 유용하다. 이것은 치료대상자가 긍정적인 감정을 경험하게 하고, 좋은 기억들을 떠올림으로써 자신의 인생을 긍정적으로 해석하도록 기회를 제공하기 때문이다. 이를 통해 치료대상자는 부정적 감정을 극복할 수 있게 된다. 이와 관련하여 김수진[56]은 요양시설 노인을 대상으로 진행한 연구결과 노래와 회상을 함께 사용한 중재가 긍정 정서 및 긍정적인 정서의 표현을 향상하고 삶의 질을 높이는 것으로 나타났다고 보고하였다. 백유신[57]의 연구에서는 노래 회상을 통한 음악자서전 활동이 연구 대상자에게 삶을 긍정적으로 회고하고 정리하도록 도왔다고 보고하였다.

이러한 선행연구 결과에서도 알 수 있듯이 노래 회상은 치료자가 알게 해 주는 것이 아니라 참여자 스스로 삶의 태도를 직접 통찰하고 자기의 감정을 의식하게 하는 것이다. 이렇게 함으로써 긍정적인 영향을 받을 수 있다는 점에서 노래 회상은 심리치료에 아주 효과적이다.

인생의 마지막 단계에 있는 노인들에게 노래를 통한 회상은 미래에 대한 두려움과 죽음에 대한 공포, 그리고 삶에 대한 후회 등을 극복하고 긍정적으로 현재를 받아들이는 힘의 자원이 되어주며, 삶의 질을 높여주는 수단이 될 수 있다.

---

56) 김수진. 회상노래 음악치료가 요양시설 노인의 정서표현 및 삶의 질에 미치는 효과. Korean Journal for Music Therapy, 10, pp. 50-60, 2016.
57) 백유신. "인생 회고를 통한 음악자서전 활동이 초고령 노인의 우울감 개선에 미치는 영향". 이화여자대학교 대학원 석사학위논문, 2018.

4. 음악 인생 회고

음악 인생 회고(music life review)는 앞에서 다루었던 노래 회상과 거의 유사한 기법이다. 음악치료사와 치료대상자가 함께 치료대상자의 인생 여정을 표현해 주는 의미 있는 음악들을 따라가는 치료법이다. 음악 인생 회고는 어린 시절에 부르거나 듣던 노래부터 시작하여 학창시절, 청소년기, 연애 시절, 결혼 생활, 자녀의 탄생, 인생에서 겪었던 큰 위기, 기념일, 현재까지 모든 시기에 인생을 대표하는 음악을 부르거나 들으면서 진행된다.

인생 회고기법을 처음으로 사용한 것은 오캘리한(O'Callaghan)으로 항암치료를 받는 사람들을 대상으로 진행한 것이다.[58] 음악 인생 회고는 치료대상자가 자신만의 고유한 인생을 객관적으로 바라보고, 주요 사건들을 돌아보며 재경험하며, 이에 대해서 수용할 수 있게 돕는다. 오캘리한(O'Callaghan)은 치료대상자와 함께 노래 부르는 방법을 택했지만, 브루샤(Bruscia)는 주요 노래들을 테이프 또는 CD에 녹음하여 치료대상자가 언제든지 자신의 '자전적이면서 치료적인 이야기'를 들을 수 있도록 하였다.[59]

---

58) O'Callaghan, C. "Musical profiles of dying patients," Buttetin, Australian Music Therapy Associations, June, PP. 5-11, 1984.

59) Bruscia, K. "Defining Music Therapy, 2nd Edition," Gilsum, NH: Barcelona Publishers, 1987.

참고 문헌

김수경. 노인 및 치매 환자의 회상 치료 효과. 대한작업치료학회지. 11 (2). pp 143-150, 2003.

김수진. 회상노래 음악치료가 요양시설 노인의 정서표현 및 삶의 질에 미치는 효과. Korean Journal for Music Therapy, 10, pp. 50-60, 2016.

백유신. "인생 회고를 통한 음악자서전 활동이 초고령 노인의 우울감 개선에 미치는 영향". 이화여자대학교 대학원 석사학위논문, 2018.

유석분, 김민석. 회상요법의 효과에 대한 메타분석. 한국 사회복지 조사연구, 46, pp. 133-164, 2015.

정해인. 국내 장기요양보험서비스를 제공 받는 치매 환자 대상 작업 중심 회상 치료 효과에 대한 체계적 고찰. 신경재활치료과학. 3 (1). pp. 31-37, 2014.

Bruscia, K. "Defining Music Therapy, 2nd Edition," Gilsum, NH: Barcelona Publishers, 1987.

O'Callaghan, C. "Musical profiles of dying patients," Buttetin, Australian Music Therapy Associations, June, pp. 5-11, 1984.

앙리 루소 - 행복한 사중주

제8장 노인을 위한 음악심리치료

고령화는 전 세계적으로 일어나고 있는 사회적 현상이다. 특히 우리나라는 1995년까지만 해도 65세 이상 인구가 총인구의 5.9% 정도만 차지하여 고령화 사회가 아니었으나, 노인 인구의 지속적인 증가와 출산율 감소로 2017년에 고령화 사회를 넘어서 65세 이상 인구가 총인구의 14% 이상을 차지하고 있는 고령사회에 도달하였다. 통계청의 예상[60]에 의하면 2026년에는 20%를 넘어서 초고령화 사회에 이를 것으로 보인다. 세계최초로 고령사회에 진입하였던 일본도 고령화 사회에서 고령사회, 그리고 초고령화 사회로 돌입하는 데 약 20년씩 걸린 것에 비교하여 한국은 더욱 빠르게 초고령화가 되어가고 있음을 알 수 있다.

이렇게 급속하게 노인 인구 비율이 증가하는 상황에서 다양한 노인복지정책의 발전 또한 필요한 시점이다. 한국에서도 노인전문병원 및 요양시설이 급속도로 확충되고 있으며, 다양한 노인복지 제도가 추진 중이다. 그러나 급격하게 늘어나는 노인 인구 증가 속도를 따라가고 있지 못한 실정이다. 특히, 노년기에 접어들고 있는 노인은 신체

---

60) 통계청 사회통계국 사회통계기획과. (2018). 2018 고령자 통계.

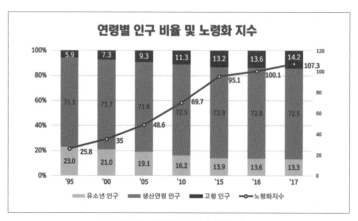

[그림 1] 노령화지수. 통계청 자료

적, 인지적, 심리적 기능이 쇠퇴하기 시작하고 사회적인 위치나 역할
이 축소되면서 우울감을 겪기 쉬움에도 불구하고 이와 관련한 복지
정책이 거의 없다.

서구에서는 고령화 현상에 발맞추어 노인들의 신체적, 정신적, 정
서적, 사회적 건강의 증진 및 유지를 위해 음악치료 프로그램이 활성
화되고 있다. 이를 통해 노인들의 삶을 만족스럽고 유의미하게 느낄
수 있도록 도와주는 전략적 임상 분야의 하나로 그 역할을 충실히 수
행하고 있다.

노인들을 위한 음악치료 프로그램은 노화로 인해 쇠퇴하는 기능의
약화를 방지하고 노인성 질환들을 치료하는 데 효과적이다. 또한, 치
매나 인지장애 등 약물로 쉽게 치료하기 어려운 질환을 치료하는 등
의료적 효과를 기대할 수 있다. 음악치료 프로그램은 노인들에게 음

악을 만들게 하거나 연주하는 과정에서 신체적 활동 및 사회적 참여를 유도하고, 성취감 및 동기를 유발하여 삶에 활력을 불어넣게 해준다.[61] 더 나아가 노인들이 인생의 마지막 단계에 안정적으로 돌입하여 변하하는 자신의 상태를 수용할 수 있도록 돕는 억할도 된다. 이러한 점을 고려해보았을 때, 한국의 노인복지정책 추진에 있어서 음악치료를 이용한 신체적, 정서적, 사회적 기능 강화 프로그램을 활용하는 것이 더욱 더 필요한 시대가 왔다. 본 장에서는 노인들을 대상으로 음악치료가 어떤 역할을 하는지 구체적으로 알아보고자 한다.

1. 신체 및 생리적 영역의 음악심리치료

노인이 노화가 진행하면서 겪을 수 있는, 뇌졸중, 파킨슨병, 무도병, 노인성 치매, 관절염 등 노인의 대표적인 질병들은 운동신경 및 감각기관의 기능 저하 및 마비를 동반한다. 이러한 노인들의 신체적 재활 및 현존하는 신체기능의 유지 및 강화에 음악치료가 효과적으로 활용될 수 있다. 또한, 재활치료에서도 음악치료가 사용되는데, 음악은 환자에게 자극제, 통증 완화제, 동기와 흥미 유발, 기억강화 등의 역할을 담당한다. 이와 관련하여 선행연구를 살펴보면 다음과 같다.

---

61) 홍인실. "노인의 인지기능과 우울증에 미치는 음악치료의 개선 효과." 제주대학교 박사학위논문. pp. 17-19. 2008.

정현주[62]는 신체적 운동의 반복적인 흐름과 음악 속 리듬 간의 동조화 작업을 통해 운동의 효과를 증대시킬 수 있다고 보고하였다. 반신마비로 인해 한쪽 다리를 심하게 절던 한 환자에게 요한 스트라우스와 차이콥스키의 왈츠곡을 이용하여 느린 3박자의 음악에 맞추어 움직이게 하였다. 초기에는 제자리에서 규칙적이고 반복적인 발동작과 무게이동을 연습하도록 지시했다. 그리고 점차 움직임의 범위를 넓혀 몇 주 후에는 간단한 왈츠 춤까지 출 수 있도록 유도하였던 연구자의 경험을 한 예로 들 수 있다. 이렇게 리듬을 사용한 재활치료기법을 RAS(Rhythmic-auditory stimulation)이라고 한다. RAS는 청각적 리듬 자극을 통해 운동 반응 촉진과 기능의 증진을 끌어내는 기법으로 음악치료의 일종이라고 할 수 있다.

타우트(Thaut)의 연구에서도 메트로놈이나 타악기의 규칙적 리듬이 보행과 같은 규칙적인 운동기능이 증진된다고 보고하였는데, 음악이 주는 재활치료 효과를 짐작해볼 수 있다.[63] 신체기능을 상실한 대부분 환자는 그 무력한 상태를 당연한 것으로 받아들이는 일도 어렵다. 또한 재활 과정에서도 어려움을 겪으면서 실제로 남아있는 기능마저 잃어버리는 경우도 많다. 타우트(Thaut)가 진행하던 치료대상자 중 S는 중풍으로 인해 늘 무기력하여 침대에서 나오려고 하지 않았다. 간곡한 설득을 통해 음악치료에 겨우 참석해도 손끝 하나 움

---

62) 정현주. 「음악치료학의 이해와 적용」 이화여자대학교출판부. p. 241, 2005.
63) Ibid., p. 242.

직이는 일 없이 묵묵히 수동적 자세를 유지하여 치료의 효과를 보기 어렵다고 느꼈다. 그런데 세션이 반복되는 중 하루는 그의 가족을 통해 그가 어린 시절 바이올린을 배운 경험이 있는 것을 알게 되어 큰 기대 없이 바이올린을 쥐어주었다. 모든 것을 귀찮아하여 가만히 있던 그가 떨리는 손으로 활을 움켜쥐고, 타우트(Thaut)가 받쳐준 바이올린을 힘겹게 연주하는 것을 보았을 때 의료진과 타우트(Thaut)는 놀라움을 감출 수 없었다. 당시의 경험은 일반적인 치료로 효과를 보기 어려운 상황에도 음악을 활용하면 더욱 효과적일 수도 있음을 보여주는 사례이다. 이는 환자의 신체적 기능을 악기 연주를 통해 그 가능성을 최대한 활용하도록 유도하는 접근법으로 TIMP(Therapeutic Instrumental Music Playing)라고 한다.

그 밖에도 악기 연주는 반복적인 연주를 통해 리듬과 멜로디의 패턴이 근육의 움직임을 기억하는 도구로 사용되기도 한다. 이는 운동 기능을 촉진하고, 눈과 손, 손과 팔의 협응 능력과 근육 강화를 돕는다. 아울러 환자의 상황이나 능력을 고려하여 쉬운 악기로부터 어려운 기술을 필요로 하는 악기까지 다양한 맞춤식 활용이 가능하다.

음악의 자극은 맥박의 촉진과 소화계 및 신경계, 그리고 호흡계에도 영향을 준다. 그러므로 노인에게 적용하였을 때 쇠퇴한 신체적 기능의 강화 및 유지에 도움이 될 수 있다. 특히 노인은 폐의 기능이 약해져 공기 흡입량이 적어지면서 호흡기 질환이 흔히 일어난다. 가창은 노인들이 가장 쉽게 음악을 접할 방법으로 호흡 조절을 쉽게 해주고 폐활량을 증가시켜준다. 뿐만 아니라 근육을 이완시켜 개방감을 느끼게 해주는 효과가 있다. 이러한 점에서 음악치료는 노인에게 훌륭한 치료제이다.

2. 인지, 정서, 심리적 영역의 음악심리치료

음악은 노인들이 사회적인 지위 및 역할이 축소되고 가족과의 의사소통이 줄어들면서 겪는 우울함에 큰 도움을 줄 수 있다. 음악은 노인들의 신체 및 심리적인 욕구를 충족시켜주며, 단절되었던 의사소통의 경로를 열어주기도 한다. 음악을 이용한 단체 활동은 노인들에게 소속감을 주어 심리적인 안정감을 얻어갈 수 있게 돕기도 한다. 노년기에 겪는 불안감과 여러 가지 심리적 문제에 음악 회상치료, 인생 회고 활동은 큰 도움이 된다. 현재 자신의 감정과 상태를 수용하고 지나온 자신의 삶을 되돌아보면서 정리할 수 있게 돕기 때문이다. 이에 대한 자세한 내용은 앞에서 언급하였으니 넘어가도록 하겠다.

음악치료는 이렇게 심리적, 정서적으로 내면의 문제를 가진 일반적인 노인들에게도 효과적이나, 인지장애나 치매 등을 앓고 있는 노인 환자들에게서 더욱 큰 치료 효과를 기대할 수 있다.

현재 국내의 치매 환자 수는 2016년 기준 69만 명에 달하는 것으로 추정하고 있다. 보건복지부는 치매 환자가 매년 급속도로 증가하고 있어 2024년에는 100만 명, 2041명에는 200만 명이 넘을 것으로 추측하고 있다.[64] 노인 인구 비율이 증가하는 만큼 치매 환자도 급격히 증가하고 있는 셈이다. 우리나라에서 65세 이상의 연령대의 치매 발병률은 약 8.2~10.8%를 보인다. 주목할 것은 치매의 유병률이 나이 증가에 따라 함께 증가하고 있다는 점이다. 즉, 80세 이상에서는 20%가 넘는 노인들이 치매를 앓고 있는 것으로 나타났다.

치매는 환자의 언어와 인지적 능력, 운동기능, 기억력과 기본 생활능력까지 위협하는 질병으로 환자 본인뿐만 아니라 가족들에게도 극심한 고통을 안겨준다. 이러한 치매 환자들을 위해 음악치료 임상 기법 중 언어기술 유지 및 향상을 위해 노래를 통한 멜로디-억양 치료(MIT-Melodic Intonation Therapy) 기법을 사용할 수 있다. 자연스러운 말의 억양이나 비슷한 멜로디를 사용해 노래하면서 일생 생활에서 반드시 갖추어야 할 단순 구와 문장들을 익히는 방법이다. 또한, 이름, 나이, 주소, 계절, 시간, 가족 등등 환자의 주변 환경에 대한 정보를 노래를 통해 가사로 만들어 부르는 기법도 있다. 이 기법은 현실 소재 인식을 도와 환자의 정신적 혼란을 예방하고 자기 인식의 목적에 효과적으로 사용할 수 있다.

이러한 방법이 치매 환자에게 적용 가능한 이유가 있다. 노래가 좌우 양 두뇌의 기능을 모두 필요로 하는 과정임에도 멜로디를 담당하는 우뇌의 활성화가 언어를 담당하는 좌뇌의 재생을 돕는 역할을 수행하기 때문이다.

---

64) 보건복지부 중앙치매센터. 대한민국 치매현황 2018. 보고서 NIDR-1802-0023, 2018.

치매 환자를 대상으로 사용할 수 있는 또 다른 치료법에는 자극접근법이 있다. 자극접근법은 음악치료사가 치료대상자에게 음악적 자극을 주어 자발적 언어참여를 유도하는 방법이다. 이는 목소리를 내려하지 않는 치료대상자에게 음악치료사가 먼저 노래를 시작한 후 발화를 원하는 곳에서 멈춰 자발적인 언어참여를 유도한다. 예를 들면, 치료사가 '아~리랑 아~리랑'을 부르고 멈추면 치료대상자는 자연스럽게 '아라리요'를 부르게 된다. 이는 치료대상자에게 익숙한 노래로 자극을 주게 되면 의식적 인지 없이 반사적으로 나올 수 있는 특성을 이용한 것이다.

치매 환자의 심리적 지지와 장·단기 기억력 및 사고력을 유도하기 위하여 음악을 통한 회상기법을 사용하기도 한다. 이에 대해 타우트 (Thaut)의 경험을 사례를 보면, 타우트(Thaut)가 주도하던 음악 치료 대상자 중 치매 환자 H는 그룹 치료 안에서 늘 동료들과 말싸움을 하거나 공격적인 성향을 보이며, 음악 활동과 토론에 참여하지 않았다. 그런데 한 세션에서 타우트(Thaut)가 어머니를 가사로 담은 노래를 부르던 중 H가 갑자기 눈물을 흘리며 어린 시절 어머니가 옷을 만들어주셨던 것에 대해 말하기 시작하였다. H는 어머니와 함께 불렀던 노래를 부르며 장기 기억력을 일부 회복했음을 보여주었다. H의 사례를 통해 회상 유도과정에서 음악이 얼마나 효과적인가를 알 수 있다. 이것은 개인의 중요한 인생사가 함께 다루어졌을 때 닫혀있던 의사소통의 기회와 감정표현의 통로가 열릴 수 있는지 깨닫게 해준다.

중증의 치매로 고통 받는 환자라고 하더라도 종종 자신의 예전 같지 않은 모습을 스스로 인식하는 경우가 있다. 이때 기관이나 시설 안에 갇힌 삶에 불만족을 느껴 짜증과 불안 증세, 공격성을 보이기도 한다. 집단음악치료의 회상기법은 이러한 불안감에 시달리거나 공격성이 있는 환자들에게 심리적 안정을 도모하고 단절되었던 사회와의 재연결의 기회를 제공해준다.

비슷한 연령대로 구성한 집단으로 진행하는 음악치료는 같은 시대를 겪은 사람들과의 과거 회상으로 구성원 간의 공감대를 형성하여 정신적인 만족감을 높여준다. 더 나아가 그들의 삶에 가치를 부여하고 자존감이 향상되도록 도와준다. 집단 음악 활동의 경험은 환자들이 우울증과 알코올 중독, 약물 남용 등의 이차적 정신장애 예방 및 완화의 효과를 주기도 한다.

3. 사회적 영역의 음악치료

노래와 음악은 노인들이 대중가요나 종교음악, 애국적인 음악, 민속 음악 등을 통해 섬세한 감정을 자연스럽게 표현하도록 한다. 특히 종교음악과 같이 타인을 존중하고 마음을 다스릴 수 있는 내용의 음악은 자신과 타인에 대한 감정을 표출하고 자신을 되돌아보게 해 준다. 또한, 타인에 대해서도 배려하는 마음도 생기게 해 준다. 이러한 과정에서 다른 사람들을 염려하거나 격려하고, 사랑과 같은 마음을 나타나게 함으로써 바람직한 태도와 행동으로의 변화를 가져오게 한다. 즉, 음악은 노인들이 타인과의 의사소통을 올바르게 할 수 있도록 도와 사회적응력을 증진시킨다.

노인들은 사회에서 은퇴한 후로부터 기능이 쇠퇴하고 사회적 지위가 축소되면서 부정적으로 변화하는 자신의 상황에 적응하기 어려워하거나 불안해하거나 우울감을 느끼는 경우가 많다. 또한, 주변 사람들이 죽으면서 자신이 죽음에 가까워졌음을 실감하고 두려움을 느끼기도 하고, 가족들 간의 소통이 줄어들면서 소외감이나 고립감을 느끼기도 한다. 이런 노인들에게 있어서 음악을 활용한 집단 활동은 소속감과 안정감을 느끼게 하고 다른 사람들과 음악적 경험을 공유함으로써 친밀감을 느끼도록 유도할 수 있다. 음악 감상이나 리듬 연주, 특히 리듬 합주를 통해 기를 수 있는 협동심은 사회성을 증진시킬 수 있는 기반이 된다.

노인은 은퇴 후 타인과의 교류 기회가 급격하게 감소하여 타인과의 의사소통 능력이 떨어지기 쉽다. 음악 활동은 공통의 목표를 달성하기 위해 함께 노력하고 경험을 공유하는 등 타인과의 사회적인 상호작용을 가능하게 한다. 이러한 경험은 대인관계를 향상시키고 자신의 가치를 알게 하는 계기가 되므로 노인들이 지속해서 하기 좋은 활동이라고 볼 수 있다. 이렇듯 음악 활동은 노인들에게 쇠퇴한 신체적 기능과 부정적으로 변하기 쉬운 정서적인 기능뿐만 아니라 사회적인 영역에서도 긍정적인 영향을 준다.

소외감을 겪는 노인들에게는 통증을 줄여주는 의료행위보다는 음악을 통해 능동적이고 적극적인 활동을 실천하여 만족스러운 삶을 살 수 있도록 돕는 일이 더욱 필요하다. 늘어가는 노인 인구에 있어서 이러한 음악을 활용한 복지정책의 추진은 이제 선택이 아닌 필수 고려사항이라고 볼 수 있겠다.

참고 문헌

김영숙. 회상을 적용한 집단미술치료 프로그램이 치매노인의 인지기능, 우울과 삶의 질에 미치는 효과, 경북대학교. 박사학위논문, 2004.

김혜령, 오가실, 오경옥 ,이선옥 ,이숙자, 김정아, 전화연, 강정희. "기초생활보장 수급 노인의 삶의 질", 제38권, 제5호, pp. 694-703, 2008.

김혜순, 이여진, 박광희, 강운구, 이병문. 인지건강증진 프로그램이 노인의 인지 기능, 우울 및 삶의 질에 미치는 효과. 한국콘텐츠학회논문지. 10 (8). pp. 227-239, 2010.

보건복지부 중앙치매센터. 대한민국 치매현황 보고서 NIDR-1802-0023, 2018.

손신영. "농촌 노인과 도시 노인의 삶의 질과 관련요인에 대한 비교연구", 한국 노년학, 제26권, 제3호, pp. 601-615, 2006.

정현주. 「음악치료학의 이해와 적용」이화여자대학교출판부, 2005.

채란희. 독서치료 프로그램이 노인이 기능 향상에 미치는 효과 : 인지, 우울, 대 인관계를 중심으로, 호서대학교 석사학위논문, 2008.

통계청 사회통계국 사회통계기획과. 2018 고령자 통계, 2018.

현승권. "노인의 건강행동과 삶의 질의 관계", 한국스포츠리서치, 제16권, 제3호, pp. 133-144, 2005.

홍인실, "노인의 인지기능과 우울증에 미치는 음악치료의 개선 효과," 제주대학 교 박사학위논문, 2008.

K. L. Chou and I. Chi. (2002). "Successful Aging among The Young Old, Old-Old, and Oldest-Old Elderly," International Jouranl of Aging and Human De-velopment, Vol. 54, 1-14.

S. Ucida and R. Kawashima, "Reading and Solving Arithmetic Problems Improves Cognitive Functions of Normal Aged People: Randomized Controlled Study," AGE, 30, pp. 21-29, 2008.

R. Kawashima, K. Okita, R. Yamazaki, N. Jajima, H. Yoshida, and M. Tairal. "Reading Aloud and Arithmetic Calculation Improve Frontal Function of People with Dementia," Jouranl of Gerontology, Vol 60A, No. 3, pp. 380-384, 2005.

4부
환자를 위한 음악치료

바실리 칸딘스키 - 구성8

제9장 자폐증 환자를 위한 음악치료

1. 자폐성 장애

자폐성 장애(autistic disorder)는 1943년 미국의 소아정신과 의사 레오 카너(Leo Kanner)가 처음으로 초기 유아자폐증(early infantile autism)을 보고하였다. 그는 11명의 특이한 증상을 가진 아동을 치료하던 중 이들에게서 사회적 상호작용의 문제, 변화에 대한 초조함, 뛰어난 기계적 기억력, 특정 감각자극에 대한 지나친 예민성 등과 같은 공통된 특성을 발견하게 되었다. 카너(Kanner)은 이들의 핵심적인 증상을 분류하고 이를 칭하기 위해 최초로 자폐증(autism)이라는 용어를 사용하기 시작하였다.[65]

자폐성 장애는 처음 보고된 이후 지속적인 관심을 받았으나 그 진단 기준이 명확하지 않아 초기에는 지적장애 및 조현병의 한 형태로 보기도 하였다. 실제로 자폐아동의 67~88%는 지적장애를 동반하며, 약 33%의 자폐아동에게서 간질 증상이 관찰된다. 자폐증 최초 발견 이후 70여 년이 지난 지금 자폐성 장애는 정신장애 진단 및 통계 편람

---

65) 양문봉. 「자폐 스펙트럼 장애」 서울: 도서출판 자폐 연구, 2000.

(DSM-IV-TR)에 따라 전반적인 발달 장애(Pervasive Developmental Disorders: PDD)의 하위 유형으로 분류되고 있다.

DSM-IV-TR의 진단 기준에 따르면 자폐성 장애는 출생 이후 3세 이전에 발현되며, 아동의 일생에 지속적인 영향을 미친다. 주로 남아가 여아보다 3~5배 높은 비율로 관찰되나 여아는 남아보다 더 심한 지적장애 증상을 보이는 경향이 있다. 역학 연구에서 보고된 세계 자폐성 장애의 유병률은 인구 1만 명당 5명이며 그 범위는 1만 명당 최소 2명에서 최대 20명이다.[66] 또한, 아동의 경우는 1만 명의 아동 중에 2~5명 정도의 유병률을 보인다.[67] 주목할만한 점은 우리나라의 자폐성 장애 유병률은 1만 명당 9명 정도로 DSM-IV-TR에서 설명하는 세계적인 비율보다 배에 가까운 수치를 보인다는 점이다.[68]

자폐성 장애의 발병 원인은 아직까지 확실하게 밝혀지지는 않았다. 그래서 한 가지 원인이 아닌 복합적인 원인이 있는 것으로 보고 있다. 최근에는 자폐성 장애의 발병 원인에 대해서 생물학적, 유전적인 원인으로 설명하고 있다. 또한 어머니의 나이, 미성숙, 임신 중 출혈, 임신 중독증, 풍진 등 임신과 출산 전후의 문제들이 자폐성 장애의 발병

66) 이승희. 자폐 스펙트럼 장애의 이해. 서울:학지사, 2011.
67) 황정숙. "자폐아의 사회성 증진을 위한 음악치료적 접근." 이화여자대학교 석사학위 논문, 2003.
68) 홍강의, 정보인, 이상복. 자폐아동의 조기발견과 치료적 개입. 97보건 의료기술 연구 개발 사업 연구보고서. 보건복지부, 1997.

원인이라는 것이다. 그러나 이러한 요인은 하나의 결정적인 원인이라고 보기는 어렵다. 결절 경화(신경계 장애를 일으키는) 유전자 장애나 X염색체 증후군을 가진 아동의 일부가 자폐성 장애 특징을 보이거나 가족 중에 자폐성 장애를 가진 사람이 있을 경우, 가족들로부터 높은 발병률을 확인할 수 있다고 한다. 그러므로 일부 유전적 요소도 자폐성 장애에 영향을 주는 것으로 볼 수 있다. 일부 전문가들은 자폐성 장애의 발병 원인으로 신경전달물질의 이상을 말하기도 한다. 대다수의 연구에서 자폐 아동이 도파민이나 세로토닌의 높은 수치를 나타내는데, 이것이 발달의 중요한 시기에 자폐 증상을 초래할 수도 있다고 보고하고 있다.

자폐성 장애의 증상을 간단히 설명하자면 다음과 같다. 자폐성 장애는 크게 사회적 상호작용에 어려움을 겪으며 제한적이고 반복적으로 정형화된 행동을 보인다(DSM-IV-TR). 이러한 증상은 각각 독립적이기보다는 서로 연결되어 복잡한 양상을 나타내며 사람마다 차이를 보인다. 일반적으로 자폐 아동은 출생 직후부터 자연스럽게 발현되는 눈맞춤이나 미소 등에서부터 기능 저하를 보인다. 이들은 얼굴 표정이나 제스처, 눈 응시와 같은 비언어적 행동의 사용에 어려움을 겪으며, 자발적으로 타인과 교류하려고 하지 않는다.[69] 타인의 감정을 인식하는 부분에서 어려움을 겪으며, 다양한 감정에 대한 공감 능

---

69) 전희숙. "자폐아동을 대상으로 한 표현예술치료의 통합적 적용 사례연구". 광운대학교 석사학위논문. pp. 5-12, 2014.

력 결여를 보인다. 때에 따라 가까운 가족이나 치료사와 사회적 유대 관계를 형성하기도 하나, 주로 자신이 선호하는 것을 얻기 위한 도구적 관계에 머무른다.

자폐 아동의 대략 25%는 평생 언어를 획득하지 못하기도 한다. 이들은 정형화되고 반복적인 언어를 사용하며, 일부 단어를 말하게 되더라도 단순 모방에 그치는 경우도 있다. 이런 경우 타인과의 소통을 위한 도구로 활용하기에는 어려움이 있다. 한편, 자폐 아동은 행동적 강도나 시각적 초점에서 비정상적인 한 가지 이상의 상동적이고 제한된 관심에 집착하기도 한다. 그들은 주로 특정한 물건이나 주제에 대한 많은 관심 및 집착을 보이며 이에 몰두한다.[70] 또한, 자폐 아동은 사소한 환경 변화에도 민감한 반응을 보이며 특정한 비기능적인 일상 활동이나 의식에 고집스럽게 매달리기도 한다.

자폐 아동은 상동적이고 반복적인 동작 타성을 보이기도 하는데, 이는 주로 나이가 어리거나 지적 수준이 낮은 아동에게서 더 자주 나타난다. 그밖에도 자폐 아동은 다양한 감각자극에 대한 과소 또는 과잉 반응을 나타내기도 한다.[71]

---

70) 이승희. 「자폐스펙트럼장애의 이해」 서울: 학지사. 2011.
71) 이승희. "또래-주도 미술활동이 자폐성 장애아동의 사회성 기능에 미치는 효과". 탐라대학교 석사학위논문. 2008.

2. 자폐아동을 위한 음악치료

(1) 자폐아동을 위한 음악치료

자폐 아농은 대체로 인물이나 사물에 관해서는 관심을 거의 보이지 않으며, 사회적 관계를 맺는 데 어려움을 겪는다. 하지만, 음악에 대해서는 흥미와 관심이 높은 편이다. 자폐 아동은 대체로 리듬감이 잘 발달 되어있으며[72] 종종 음악적 관심을 두고 뛰어난 능력을 보이기도 하여 음악치료 분야에서 많이 연구되는 대상이다. 상당히 오래전부터 자폐 아동을 대상으로 진행한 음악치료연구들이 많이 보고되었으며, 현재까지도 이에 관한 연구가 활발히 진행 중이다.

자폐 아동이 음악에 대해 특별한 관심을 두거나 능력을 보이는 것에 관해 연구한 사례들에 관해 얘기하자면 다음과 같다.

셔윈(Sherwin, 1953)은 자폐성 아동을 대상으로 한 사례연구를 통해 모든 자폐 아동들이 멜로디를 기억하거나 클래식 음악을 구별하는 데 탁월한 능력을 보였다. 또한 선율 기억능력, 연주, 노래 부르기, 음악 감상 등 다양한 음악적 활동에 관심과 능력을 보인다고 보고하면서 학계에 처음으로 자폐 아동의 음악적 관심과 능력을 소개하였다.[73]

---

72) Hudson, 1973.
73) 이승희. 「자폐 스펙트럼 장애의 이해」 서울: 학지사, 2011.

프로노보스트(Pronovost, 1961)와 루텐버그(Ruttenberg, 1972)의 연구에서도 자폐 아동이 다른 환경적 자극보다 특히 음악에 대한 흥미와 반응이 높았으며 발달한 리듬감을 보편적으로 가지고 있다고 보고하였다.[74] 또한 미국이 자랑하는 자폐증 연구에 있어서 세계적인 심리학자이며 자폐아동의 아버지인 버나드 림랜드(Bernard Rimland, 1964)는 자폐 아동에게서 음악에 대한 높은 관심도를 말하면서 자폐 아동 진단평가 기준에 음악과 관련된 능력 사항을 포함시키자는 주장을 하기도 하였다.

블랙스톤(Blackston, 1978)의 경우, 일반 아동들은 언어와 음악 중에 특별히 선호하는 경향을 찾아보기 어려웠으나 자폐 아동들은 언어보다 음악을 선호하는 경향이 있다는 연구결과를 발표하였다.[75] 이러한 결과를 통해 자폐 아동이 사회적, 언어적인 기능이 떨어지는 반면 음악적 관심과 높은 리듬감을 가진다는 특성상 음악 치료가 적절한 수단이 될 수 있음을 짐작해볼 수 있다.

자폐 아동은 일반적인 아동들보다 음악을 모방하는 데에 더 뛰어나다.[76] 또한, 시각적인 자극보다 노래를 이용한 청각 활동을 더 선호하

---

74) Pronovost, W. "The speech behavior and language comprehension of autistic children." *Journal of Chronic Diseases*, 13, pp. 228-233, 1961.
75) Blackston, E. G. Cerebral asymmetry and the development of early infantile autism. Journal of autism and Childhood Schizophrenia, 8, pp. 339-353, 1978.
76) 홍의정. "상황이야기 중심의 음악치료가 자폐 범주성 장애아동의 사회적 상호작용에 미치는 영향". 성신여자대학교 석사학위논문, 2017.

는 경향이 있다. 이러한 점을 이용하여 음악치료사가 자폐 아동에게 심리적 안정감을 줄 수 있는 음악을 청취하도록 하고, 연주를 따라하도록 유도하여 합주를 진행하는 식으로 접근할 수 있다. 이때 고려해야 할 점은 어려운 가사나 복잡한 음악보다는 동요나 광고 음악과 같이 가사가 있는 비교적 단순한 음악을 사용할 때 더욱 선호도가 높고 효과적이라는 것이다.[77]

자폐 아동의 음악적 능력을 보다 객관적으로 설명할 수 있는 현상으로는 서번트 증후군(Savant syndrome)[78]과 절대음감을 들 수 있다. 일부 자폐 아동에게서는 특정 분야에서 천재성을 보이는 서번트 증후군이 관찰된다. 서번트 증후군은 지적장애 아동의 0.6%에 비해 자폐 아동에게서 9.8%의 높은 비율로 관찰되며, 그중에서도 음악과 관련된 서번트가 3명 중 1명꼴로 나타난다. 절대음감 또한 자폐 아동에게서 흔히 볼 수 있는 특징으로, 자폐 아동의 음악적 능력을 뒷받침해 주는 것이다. 일반적인 사람들에게서 0.01~0.05%, 그리고 전문 음악가 중에서 0.64% 정도만이 절대음감을 가진 사람을 찾아볼 수 있는 반면, 자폐 아동에게서는 20명 중 1명꼴, 즉 5%의 확률로 절대음감이 관찰된다. 이러한 자폐 아동의 음악적 능력에 대하여 일부 전문가들

---

77) 이승희. 「자폐 스펙트럼 장애의 이해」. 서울: 학지사, 2011.
78) 서번트 증후군(Savant syndrome)은 자폐증 등의 뇌 기능 장애를 갖고 있으면서 의사소통, 언어, 지능적 측면에서는 비장애인과 다를 바 없으며, 비장애인과는 다른 천재성을 동시에 갖는 현상이나 사람을 말한다. 일반인과 의사소통이 충분히 가능하다는 점 때문에 질병으로 인식되지 못하기도 한다. 사례에 따라서는 고기능 자폐의 일종으로 간주되기도 한다.

은 뇌신경학적 관점에서 음악과 자폐 아동 간의 연관성을 주장한다.

자폐 아동은 청각 자극의 정보를 뇌에서 편측적 방식으로 인지한다. 그렇기 때문에, 이들이 음악에 대해 보이는 관심과 능력은 많으나 타 분야에 흥미가 현저히 떨어지는 것과 특정 흥미에 엄청나게 몰두하는 특성은 비정상적인 정보 처리 방식 때문에 일어나는 병리적 현상으로 설명할 수 있다는 것이다.[79]

(2) 상동 행동 감소를 위한 음악치료

자폐 아동의 특수한 음악적 관심 및 능력은 음악치료에서 강점으로 작용한다. 따라서 현재 자폐 아동의 신체·인지·언어·사회·정서발달 등을 목표로 음악치료를 다양하게 활용하고 있다. 한편 음악치료사는 자폐 아동의 치료 목적을 달성하기 위해 음악치료 프로그램을 시행할 때 자폐 아동 특성상 치료의 방해요소로 상동 행동에 직면하기가 쉽다. 상동 행동은 자폐 아동이 홀로 고립되어 제한적이고 반복적으로 움직이는 행위를 말한다. 이러한 행동이 시작되면 치료사와의 교류 저하를 보이며 계획된 프로그램에서의 참여율에 저조해진다. 따라서 원활한 치료 목적을 달성하기 위해 자폐 아동의 상동 행동을 감소시키기 위한 음악치료 연구가 많이 진행되었다.

상동 행동 감소를 위한 음악치료는 대표적으로 반복적이고 일정한

---

79) 이승희. 「자폐 스펙트럼 장애의 이해」 서울: 학지사, 2011.

리듬 중재, 강화제로서의 음악, 음악을 사용한 풍부한 감각 제공 등을 활용한 기법이 있다. 리듬을 사용한 중재는 상동 행동에서 나타나는 동작에서 일정한 주기마다 지속적으로 반복되는 율동성을 찾아 그에 맞는 리듬적 음악을 제공하는 방법이다. 주기와 반복의 형태로 나타나는 상동 행동은 음악의 리듬과 연관이 있다. 반복적인 리듬이 자폐 아동에게 춤과 같은 바람직한 새로운 신체적 행동을 형성하게 하여 상동 행동 감소에 영향을 미칠 수 있다. 자폐 아동을 대상으로 한 가지 곡을 네 가지 서로 다른 박자로 변환하여 들려준 결과 16rpm 수준에서 흔들기 상동 행동이 감소하였다는 연구결과도 있다.

강화제로써 음악을 사용하는 것은 음악 행동수정기법이라고도 한다. 이것은 미국의 행동주의 심리학자 스키너(B. F. Skinner, 1905-1990)의 행동수정 원리를 기본으로 하는 것이다. 일반적으로 행동의 강화는 특정 행동에 대해 즉각적인 결과(보상)로 반응할 때 일어난다. 반대로 이전에 반응을 통해 강화되었던 행동에 대해서 결과 혹은 보상을 제거하는 것은 그 행동을 감소시킨다. 행동수정 기법은 이러한 원리를 통해 자폐아동의 바람직한 행동을 강화하고 바람직하지 못한 행동, 즉 상동 행동을 소거하는 방법이다.

자폐 아동은 칭찬 또는 애정표현과 같은 사회적인 강화제에 크게 반응하지 않는 점을 고려하여 치료사는 아동이 선호하는 음악을 보상 자극으로 사용할 수 있다. 아동이 기능적인 행동을 할 때 선호 음악을 제공하고, 상동 행동 발생 시 이를 제거함으로써 행동의 변화를 유도하는 것이다.

실제로 말러(Mahler, 1973)는 그의 연구에서 행동의 강화 및 소거를 통해 상동 행동을 포함한 부적절한 행동이 감소하였다는 결과를 얻었다. 자폐 연구학자 애플바움(Applebaum)과 쾌겔(Koegel, 1979) 역시 음악을 활용한 음악 행동수정기법이 무의미하고 반복적인 상동 행동을 감소시키는 데 영향을 미치는 것으로 나타났다고 보고하였다. 즉, 자폐 아동에게 음악은 활용도에 따라 긍정적인 감각 강화제로도 사용될 수 있다는 것을 알 수 있다.

음악적 활동은 자폐 아동에게 다양한 감각자극을 제공하는 도구가 될 수도 있다. 악기 탐색 활동은 자폐 아동에게 청각 자극 외에도 풍부한 시각 및 촉각 자극을 제공하며, 치료사가 제공하는 음악에 맞춰 신체적 활동을 하도록 유도한다. 이러한 다양한 감각자극을 제공하는 음악 활동은 자폐 아동에게 상동 행동보다 더 유의미하고 긍정적인 감각 제공을 제공함으로써 상동 행동을 대체할 수 있게 돕는다. 호웨리(B. I. Howery, 1968)의 연구에 따르면 녹음 음악보다는 풍부한 감각자극을 줄 수 있는 치료사가 직접 연주하는 음악에 맞춰 자폐 아동이 참여하도록 유도하는 경우 상동 행동이 감소할 수 있다고 하였다.

윤성희는[80] 자폐 아동을 하나의 집단으로 구성한 후에, 각 아동의 악기 선호도와 능력에 맞춰 악기를 지정한 후에 합주를 하게 했다. 그

---

80) 윤성희. "기악합주활동 속에서 리듬악기 연주가 자폐학생의 상동행동에 미치는 영향". 공주대학교 석사학위논문, 2001.

러자 이들의 상동 행동이 감소하였다고 했다. 또한, 다양한 감각자극을 제공하는 리듬악기 놀이 활동을 통해 상동 행동이 감소하고 학습 참여 행동이 증가하였다고 보고하였다.

이러한 결과들을 바탕으로 미루어볼 때, 자폐 아동의 상동 행동을 감소시키기 위해서는 음악 활동을 비롯한 다양한 감각자극을 제공하는 것이 중요하다는 것을 알 수 있다.

참고 문헌

양문봉. 「자폐 스펙트럼 장애」 서울: 도서출판 자폐연구, 2000.

윤성희. "기악합주활동 속에서 리듬악기 연주가 자폐학생의 상동행동에 미치는 영향". 공주대학교. 석사학위논문, 2001.

이승희, 「자폐스펙트럼장애의 이해」 서울: 학지사, 2011.

이은혜. (2011). "모방과 반영 기법을 적용한 즉흥연주 중심의 음악치료가 자폐아동의 상동행동에 미치는 영향," 성신여자대학교 석사학위논문.

황정숙. "자폐아의 사회성 증진을 위한 음악치료적 접근," 이화여자대학교 석사학위논문, 2003.

허혜리. "창작곡을 활용한 음악치료 프로그램이 자폐성 아동의 의사소통 능력에 미치는 영향," 대전대학교 석사학위논문, 2012.

홍강의, 정보인, 이상복. 자폐아동의 조기발견과 치료적 개입. 97보건 의료기술 연구 개발 사업 연구보고서. 보건복지부, 1997.

Alice-Ann Darrow. 「음악치료 접근법」(Introduction to Approaches in Music Therapy). 김영신 (역). 서울: 학지사, 2006.

Blackston, E. G. Cerebral asymmetry and the development of early infantile autism. Journal of autism and Childhood Schizophrenia, 8, pp. 339-353, 1978.

Pronovost, W., "The speech behavior and language comprehension of autistic children." Journal of Chronic Diseases, 13, pp. 228-233, 1961.

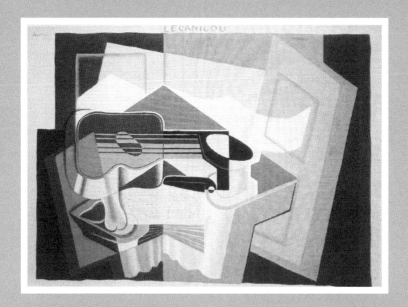

후안 그리스 – 테이블과 기타

제10장 지적장애자를 위한 음악치료

1. 지적장애

지적장애인은 태어나면서부터 심리발달에 심각한 장애를 보이는 만성 장애를 지칭하는데, 이들은 지적 기능과 적응 행동상의 어려움, 그리고 교육적 성취에 어려움이 있는 사람이다. 명칭이 초기에는 정신박약(mental deficiency)으로 불리다가 중간에 정신지체(mental retardation)로 용어가 변경되었다. 그런데, 장애인에 대한 무시라는 여론과 지적으로 "지적장애"로 개명된 것이다.[81]

지적장애 아동들은 대부분 사회적 적응능력이 부족하고 정서적으로 불안정하다. 또한, 대인 간의 의사소통 장애와 감각 운동기능도 부족하다. 이러한 점 때문에 가정이나 학교생활에서도 적응에 어려움을 겪는다. 지적장애 아동은 어떤 일에 실패하여 자신의 부족함을 의식한다거나, 다른 아동과 비교될 때 극도로 당황하고 의기소침해한다. 그러다보니 자신이 할 수 없다고 생각하는 일은 시도조차 하지 않으려 한다. 이로 인한 부정적 정서 상태는 아동의 학습장애가 더욱 심

---

81) 미국식 영어로는 metal retardation로 지체라는 말이 젊은이에게 모욕에 가까운 느낌을 주기 때문에 미국에서는 intellectual disability라는 용어로 대체 되었다. 영국에서는 mental deficiency라는 용어를 mental handicap로 변경되어 일반적인 의학 용어로 사용되어 오다가 최근에는 learning disability로 대체되었다.

해진다. 그러므로 지적장애 아동의 학습장애를 해소하기 위해서는 우선 자신감과 자존감을 회복하도록 도와야 한다.

긍정적 자아존중감의 형성은 아동에게 있어 성숙한 인격과 심리적 건강을 위한 필수조건이자 아주 중요한 발달과업 중 하나이다. 자아존중감에 따라 아동의 행동 양식이 결정된다고 할 수 있을 정도로 자아존중감은 아동에게 중대한 영향을 끼친다. 이렇듯 자아존중감이 아동의 사회적 적응능력 및 전반적인 삶에 영향을 미치고 있다는 점에 비추어 볼 때, 아동기 초기에 긍정적인 자아존중감을 형성하도록 유도하는 것은 매우 중요하다.

음악은 인간의 감정에 작용하며 행동에 영향을 미친다. 정서 조절과 두뇌발달에 음악이 중요한 역할을 한다는 사실은 잘 알려져 있다. 음악은 정서발달과 학습능력 향상의 중요한 요인으로써 모차르트의 음악을 들으면 지능이 좋아진다는 '모차르트 효과' 역시 우리가 이미 알고 있는 사실이다. 실제로 오래전부터 태교에 모차르트 음악이 사용되어왔으며, 학생들의 집중력 향상 및 정서적 각성을 위해서도 사용되고 있다.

어린이 영어 지도법 중 라나인 암시교수법(Suggestopaedia)은 세계적인 교육자이자 치료전문가인 로자노프(G. Lozanove)가 창안한 교수법이다. 이 교수법에서는 학습 효과를 높이기 위해 긴장감 없는 편안한 학습 환경 조성을 권장하는데, 이때 배경에 음악이 사용된다는 것이다. 마찬가지로 학교 교육에서 학습 부진아를 지도할 때도 음악은 주요 도구로 활용된다. 여기서 주목할 것은 음악이 심리적 안정감을 부여하고 자아존중감 형성에 도움을 준다는 것이다.

음악치료는 긍정적 경험을 겪게 하고 타인과 자연스러운 교류를 유도한다. 이러한 과정은 치료대상자가 자신과 타인에 대한 신뢰감을 쌓고 집단구성원 간의 상호작용을 원활하게 만들어준다. 이는 지적장애 아동에게 가장 필요한 자아존중감 형성과 긍정적 정서 형성에 있어서 음악이 매우 효과적이라는 것을 말해준다. 음악치료는 지적장애 아동이 음악 활동을 통해 음과 리듬을 이해하여 노래하거나 악기를 다룰 수 있게 돕는다. 이러한 음악활동은 자신의 경험이나 감정, 지각에 대해 인식하고 이해할 수 있게 도울 뿐 아니라 악기를 선택하고 스스로 리듬을 이해하며, 연주하는 과정에서 자신에 대한 만족감과 가치감을 느낄 수 있게 해 준다. 능력에 맞는 음악 과제는 흥미와 성취감을 불러일으키고 억제된 감정과 느낌을 표현하게 함으로써 지적장애 아동의 자아개념을 강화한다. 나아가 지적장애 아동의 불안정한 내면의 통합까지도 기대해볼 수 있다. 이렇듯 음악은 다양한 원인과 특징, 유형을 보이는 지적장애를 해결할 수 있는 유용한 수단이 될 수 있다.

앞 장에서 계속 언급하였듯이 음악은 치료수단으로 활용하였을 때 인지적, 정서적 기능을 향상하는 데 도움을 준다. 잦은 실패로 도전을 두려워하고 다른 사람들과의 사회적 관계에 어려움을 겪기 쉬운 지적장애 아동들도 있다. 그들에게 음악을 활용한 접근법은 심리적 안정감을 부여하고 자연스럽게 타인과의 사회적 교류를 유도할 수 있다. 지적장애 아동에게 사물에 대한 관찰력이나 표현력을 향상시키기 위해서는 창조적 성취를 경험하게 하여 자신감 및 자존감을 길러주는 다양한 방법도 있다. 하지만 음악을 활용한 접근법은 이 중 가장 효과적인 방법의 하나라고 말할 수 있다.

2. 지적장애 아동 음악치료

'아동의 리듬 활동은 자아상(self-image)의 표현이다.'라는 말이 있다. 즉, 음악에 아동의 자아상이 즉각적으로 표현이 가능하다. 그러므로 아동의 리듬 분석은 그 아동의 자아상과 자아 개념을 파악할 수 있는 좋은 자료가 된다. 음악치료를 할 때 음악치료사가 고려해야 할 것이 바로 이 점이다. 음악치료사는 지적장애아가 음악 활동을 통해 표현하는 움직임들을 관찰하면서 어떤 식으로 진행되는지 살펴보고 동시에 지속적으로 음악활동을 유도할 필요가 있다. 지적장애 아동들은 이러한 음악 활동을 통해 스스로 자신에 대한 생각이나 자아개념을 파악하는 계기를 갖는다. 아동의 자아개념은 태어날 때 어떤 특정구조를 갖고 고정된 것이 아니라 각자의 환경 속에서 경험을 통해 형성해나가는 것이기 때문이다. 음악치료 교육은 긍정적인 정서와 올바른 자아 형성을 돕는 효과가 있어 실제로 특수아동을 대상으로 자아개념 발달과 개선의 목적으로 많이 활용되고 있다.

지적장애 아동을 위한 음악치료 영역은 크게 의사소통(Communi-cation), 학습 기술(Academic Skills), 운동 기술(Moter Skills), 정서적 행동(Emotional Behavior), 조직화 능력(Organizational Ability), 사회적 기술(Social Skills), 이렇게 다섯 가지로 나눌 수 있다.[82]

우선 의사소통 영역에서의 음악치료는 치료대상자가 타인의 메시지를 정확하게 이해하는 능력을 키우는 것이다. 그리고 함께 또 자신의 생각과 메시지를 정확하게 전달할 수 있는 능력을 향상시키는 것이 목적이다. 여기서 음악 활동은 음을 분별하고 집중하는 과정을 통해 메시지를 이해하는 능력을 높이는 기능을 한다. 치료대상자는 음악을 이용하여 감정을 구체적으로 표현하는 방법을 배우게 되는데, 이를 통해 언어발달 능력 및 의사소통 능력의 향상을 기대해볼 수 있다.

두 번째로 학습기술(Academic Skills) 영역에서의 음악치료는 타인과의 합주나 동작, 노래 등을 통해 가능하다. 바로 학습에 필요한 집중력과 지시를 따르는 능력, 지속력, 기억력 향상이 주목적이다. 치료대상자는 노래나 동작 등을 외우기 위해 노력함으로써 집중력이나 기억력 등의 향상을 기대해볼 수 있다. 또한, 가사나 율동 노래를 통해 신체 부위 구별이나 공간과 시간 개념 등을 가르칠 수도 있다. 적절한 흥미 유발은 치료대상자가 자연스럽게 지시를 따르도록 도우므로 무엇보다도 치료대상자가 흥미를 끌 만한 음악을 사용하는 것이 좋다.

---

82) 함명경. "음악치료가 정신지체아에게 미치는 영향". 목포대학교 석사학위논문. 2004.

다음은 운동 기술(Moter Skills) 영역이다. 감각 운동기능이 부족한 지적장애 특성상 다양한 감각에 자극을 주는 음악 활동은 신체적 기능 향상에 도움이 된다. 또한 건반 악기를 연주하고 기타를 치는 등 악기를 이용하여 소근육 운동 능력을 향상시킬 수 있고, 음악에 맞춰 갖가지 동작을 하도록 지시하여 대근육 운동 능력도 향상시킬 수 있다. 이것은 조직화 능력(Organizational Ability)과 사회적 기술(Social Skills) 영역에서 사회적 교류와 의사소통 능력을 향상시키는 데도 사용이 가능하다. 특별히 지시를 따르는 집단행동능력 향상을 목적으로 음악치료를 진행할 때에는 개별치료보다는 집단을 구성하여 진행하는 것이 좋다. 이러한 과정에서 지적장애 아동은 기다리기, 지시를 따르기, 차례 지키기, 다른 구성원과 합을 맞추기 등을 경험하게 된다.

멜로디와 화성, 그리고 리듬은 지적장애 아동이 때와 순서를 인식하는 데 도움을 준다. 또한, 다른 구성원과 협동하는 과정에서 자신이 집단에 필요하고 환영받는 구성원이라는 소속감, 동질감 등을 함께 경험함으로써 사회적 행동을 발달시킬 수 있다.

마지막으로 정서적 행동(Emotional Behavior) 영역에서의 음악치료는 낮은 자존감과 부정적 정서 상태를 지속하고 있는 지적장애 아동에게 더욱 필요하다. 긍정적인 경험을 통해 이러한 부정적 감정을 극복하고, 자신의 감정을 파악할 수 있도록 하는 것이 목적이다. 지적장애 아동은 지적 기능장애로 자신의 감정을 제대로 표현하기가 어렵다. 그런데 음악은 그것을 자연스럽게 행동과 소리로 표현하게 해

준다. 따라서 음악 활동을 통해 감정을 건강하게 발산하고 자신을 표현하며, 타인의 감정 또한 이해할 수 있게 유도하는 것이 필요하다.

지적장애 아동에게 음악치료를 사용할 때 고려해야 할 사항은 다음과 같다.

첫째, 치료대상자의 상황이나 증상, 필요 등에 맞춰 적절한 음악치료 프로그램을 선정해야 한다.

둘째, 반복되는 동작과 노래는 치료대상자의 마음을 편안하게 하며 새로운 것에 대한 불안감을 없애준다. 그러므로 자연스러운 도전을 유도하여 단순한 멜로디와 반복 리듬이 있는 음악을 선택하는 것이 좋다.

셋째, 음이나 리듬, 악기 등을 식별하는 다양한 종류의 접근법을 시도하여 치료대상자의 인식 능력과 분별력을 키워준다. 리듬이나 악기, 연주를 이해하는 과정은 치료대상자에게 긍정적인 경험이 되어 성취감을 얻게 해준다. 따라서 실패하더라도 다시 시도할 수 있도록 지속적인 격려를 해주는 것이 중요하다.

넷째, 치료대상자의 마음을 끌 수 있는 흥미 있는 노래를 다양하게 준비하는 것이 좋다. 재미있는 노래는 치료대상자의 의욕을 증진시키고 음악치료사와의 관계 지속과 의사소통을 유도하는 매개체가 될 수 있다.[83]

---

83) 김숙현 "음악치료의 원리와 방법의 이론적 연구". 전남대학교 교육대학원 석사학위논문, 1998.

3. 지적장애 아동 음악치료 기법

(1) 청각적 감각 정보 기반 활동

음악치료의 기본은 소리나 음악을 듣고 특정 활동을 함으로써 신체적, 인지적, 지적 기능을 향상하는 것이다. 또한, 각 활동을 진행하면서 치료사는 치료대상자가 청각 자극을 잘 수용하고 있는지, 이에 대해 적절히 반응하는지에 대해 판단하게 된다.

① 소리의 인식과 위치 파악

가장 먼저 진행할 것은 음악에 맞춰 악기를 연주하거나 움직이는 것이다. 음악이 멈추면 연주나 동작도 함께 멈춘다. 이를 통해 소리를 정확히 인식하고 있는지 파악할 수 있다. 녹음기를 특정 위치에 놓아두거나 숨겨놓고 소리 나는 곳을 가리키게 함으로써 소리의 위치 파악이 가능한지도 관찰해볼 수 있다. 그와 비슷하게 눈을 감고 옆에 있는 사람이 손뼉을 치면 따라 치게 하거나, 눈을 감고 서서 소리를 내는 사람을 향해 손으로 가리키는 방법을 사용할 수도 있다. 이러한 과정은 청각 감각 정보를 수용하고, 이해하는 능력을 향상시킨다.

② 소리의 구별(세기, 리듬, 음정)

소리 자체를 인식하는 과정 다음으로는 소리나 음악을 구별하는 과정을 진행할 수 있다. 입이나 악기로 소리를 세게도 내보고 약하게도 내보면서 직접 강약 조절을 하게도 해본다. 음악의 볼륨에 맞춰 동작의 크기를 조절하도록 유도할 수 있다. 소리의 강약 정도뿐만 아니라 리듬과 음정을 구별하고, 따라 하는 과정을 통해 다양한 청각 자극을 구분하고 이해할 수 있게 된다. 이를 위해 치료사는 들리는 리듬이나 음악의 박자에 맞춰 손뼉을 치거나, 입으로 소리를 내거나, 악기를 두드리게 할 수 있다. 또한, 여러 가지 음 중에서 어떤 음정이 같은 음정이었는지 구분하는 게임을 진행할 수도 있다. 음악을 들으면서 특정 악기가 언제, 총 몇 번 나오는지 세어볼 수도 있다. 악기 소리가 바뀌면 동작이나 춤도 바꾸도록 지시할 수 있는데, 이는 흥미 유발과 함께 청각 자극의 변화를 인식할 수 있도록 돕는 방법이다.

③ 소리의 기억

세 번째 단계는 소리를 인식하고, 이해하고, 구별할 수 있게 되었다면 들었던 소리를 기억하는 단계로 진행할 수 있다. 음악을 듣고 들리는 리듬을 따라 하거나 가락을 따라 부르도록 하는 방법이 있다. 합창에서 한 성부를 듣고 알아내는 방법, 지난 음악치료 시간이나 전날 들었던 음악을 떠올리고 표현하는 방법 등은 치료대상자의 인지적 기능과 기억력 향상에 도움이 된다.

(2) 시각적 감각 정보 기반 활동

음악치료는 청각뿐만 아니라 다양한 감각 정보를 복합적으로 사용할 수 있게 유도한다는 점에서 큰 장점이 있다. 지적장애가 있는 아동은 인지적 기능이 부족할 뿐만 아니라 집중력이 떨어지고 초점이 흐린 경우가 많다. 치료사는 각 활동을 통해 시각 정보의 수용과 반응이 적절히 이루어지는지 관찰할 수 있으며, 치료대상자의 시각적 기능 향상을 기대할 수 있다.

① 시각 정보 인식, 확인

가장 먼저 치료대상자가 사람과 눈을 마주치고, 사물에게 초점을 맞춰 집중할 수 있도록 유도하는 것이 필요하다. 이를 위해 음악치료 활동의 시작으로 서로 눈을 마주 보고 인사한다거나, 자신의 악기를 관찰하는 시간을 가질 수 있다. 더 나아가 다양한 악기 중에서 하나의 특정 악기를 골라낸다거나, 악보를 보고 특이한 음표나 표시를 골라내는 활동을 통해 시각적 자극을 구분하는 연습을 시킬 수 있다. 악보는 읽는 것만으로도 치료대상자의 지적 기능을 향상하는 데 도움을 준다. 악보의 순서대로 눈으로 따라가 읽거나 가사를 손으로 짚으면서 읽는 과정은 집중력 향상에도 영향을 준다.

② 시각 정보 구별(색깔, 모양, 크기)

시각 정보에는 갖가지 다양하고 복합적인 정보를 포함하고 있다. 음악 활동을 통해 이를 구분하고, 원하는 것을 골라낼 수 있도록 연습시킬 수 있다. 시작은 모양이 같은 악기끼리 구별하거나 크기나 색깔별로 구분하는 활동, 자신의 옆자리에 앉은 사람과 악기 모양 비교, 실로폰 막대와 벨을 차례대로 놓는 방법도 활용할 수 있다. 노래 가사에 나오는 색깔이나 모양을 가진 사람, 혹은 사물을 찾아서 가리키는 방법은 청각적인 정보와 시각적인 정보를 동시에 처리해야 하는 것으로 좀 더 높은 집중력을 길러준다.

마지막으로 합주에서 빠진 악기를 말하거나, 이전 시간에 사용했던 악기를 떠올려봄으로써 시간에 대한 인지나, 기억력 향상을 기대해 볼 수도 있다. 이와 관련하여 악보를 보고 연주한 후, 악보를 보지 않고 연주하는 방법도 있다.

(3) 신체적 기능 기반 활동

음악은 듣는 사람에게 심리적 안정감을 주고 근육을 이완시키며, 자극을 통해 신체적 기능을 각성하게 하는 효과가 있다. 이를 이용하여 각종 활동을 함께 진행함으로써 신체적 기능의 향상을 기대해볼 수 있다.

① 신체기능 인식

치료대상자는 음악이 주는 느낌에 맞춰 각 신체 부위를 흐름대로 움직이는 과정부터 시작하여, 노래 가사가 가리키는 신체 부위를 짚어보고, 움직이는 활동도 할 수 있다. 자신의 신체가 어떤지 의식하고 움직여봄으로써 약화된 부분을 강화하고 자신에 대해 더 이해하는 계기를 마련하게 할 수도 있다. 스스로 진행하지 못할 때 치료사의 판단으로 치료대상자가 직접 신체 부위를 만지고 움직일 수 있도록 보조할 수도 있다.

② 다양한 신체기능 활용

치료사는 다양한 신체기능을 활용할 수 있도록 지시할 수 있다. 치료사가 행동이나 연주를 시작하면 치료대상자가 동시에 동작을 취하거나 연주하게 한다. 이렇게 함으로써 치료사는 치료대상자의 반사 속도를 판단할 수 있다. 이렇게 지속적인 활동을 통해 반사 신경의 향상을 기대해 볼 수도 있다. 균형 감각이나 방향 감각을 활용하는 활동 또한 마찬가지이다.

이와 관련하여 직선 위를 따라 행진하거나, 한쪽 발만 들게 하는 동작을 취하게 하거나, 노래 가사가 지시하는 방향으로 움직이게 하는 활동 등이 있다. 치료사는 다양한 활동을 통해 치료대상자에게 약화되어 있는 기능을 파악하고, 부족한 기능이 강화될 수 있도록 이끌어 줄 필요가 있다.

(4) 기타 활동

① 표현력과 지속력

음악 활동은 다양한 감정을 표현할 수 있는 연속적 활동이다. 치료대상자는 악기를 이용하여 자신의 감정을 표현해보고, 타인이 연주하는 악기 연주를 듣고 감정을 가늠해볼 수도 있다. 더 나아가 치료사는 치료대상자들이 말을 하지 않고 서로 음악을 이용하여 대화하도록 유도할 수도 있다. 이러한 과정은 치료대상자의 표현력과 의사소통 능력을 향상시키는 데 도움이 된다. 흥미를 잃거나 집중력이 떨어지기 쉬운 아동들을 위해서는 간간이 음악을 멈출 때까지 행진 또는 특정 동작을 계속하는 활동을 통해 지속력을 강화할 수 있다.

② 사회성 기능 강화

지적장애 아동에게 가장 필요한 것 중 하나는 사회적 기능의 향상이다. 이를 위하여 또래 아이들을 집단으로 구성하여 음악 활동을 진행할 수 있다. 치료대상자는 다른 사람과 함께 노래를 부르거나, 악기를 연주하거나, 음악에 맞춰 동작을 할 수 있는데, 이러한 과정에서 지시를 따르는 능력과 협동력 등의 강화를 기내해볼 수 있다.

그룹별로 게임을 진행할 수도 있다. 음악의 이름을 맞추거나 작곡가를 알아맞히는 퀴즈를 진행하고 보상을 수여함으로써 흥미와 경쟁심을 유발할 수 있다. 이때 치료사는 치료대상자 간에 원만한 상호작용을 할 수 있도록 적절한 시기에 개입하는 등 보조할 수 있어야 한다.

③ 발성 및 호흡 기능 강화

마지막으로 치료사는 발성 및 호흡 기능과 관련된 활동을 진행하여 치료대상자가 해당 기능을 잘 사용할 수 있는지 파악하고, 약화한 기능을 강화할 수 있도록 도울 수 있다. 예를 들어 동물이나 악기의 소리를 따라 해보거나 노래로 부르는 방법, 주위 환경의 소리를 노래로 부르는 방법 등이 있다. 관악기를 사용한 연주는 어떤 활동이든 상관없이 호흡의 조절과 기능 향상에 도움을 준다. 그러므로, 한 가지 악기만 사용할 것이 아니라 다양한 악기를 사용하도록 권하는 것도 필요하다. 그러나 가장 중요한 것은 치료대상자의 의지에 따라 원하는 악기를 선택하는 것이 우선순위에 있음을 잊지 말아야 할 것이다.

참고 문헌

김숙현, "음악치료의 원리와 방법의 이론적 연구". 전남대학교 교육대학원 석사
　　　학위논문, 1998.
함명경, "음악치료가 정신지체아에게 미치는 영향". 목포대학교 교육대학원 석
　　　사학위논문, 2004.
안미현, "음악치료의 원리와 방법", 조선대학교 대학원 석사학위논문, 2005.

조르주 브라크 – 바이올린과 팔레트

제11장 정신질환자를 위한 음악치료

1. 정신질환

정신질환(mental illness)이란 사람의 사고나 감정, 행동에 영향을 주는 정신 기능에 장애가 온 상태를 총칭하는 것이다. 정신의학에서는 정신질환을 개인의 인격, 행동, 일상생활, 대인관계 및 사회적응 등에 영향을 주는 인격 장애로 기술하고 있다.[84] DSM-Ⅳ[85]에 따르면 정신질환은 개인에게 발생되는 행동적, 심리적, 또는 생물적 기능 장애로 볼 수 있다. 세계보건기구(WHO)의 국제질병분류에 따르면 정신질환은 정신병, 신경병 및 그 밖의 인격 장애로 크게 나눌 수 있다. 기질정신병, 조현병, 조울증, 우울증, 신경증, 인격 장애, 알코올 또는 약물 의존증, 성적 장애, 급성 스트레스 반응, 지적장애 등을 포함한다.[86]

정신질환은 자기보호를 비롯한 기본적인 욕구에 심한 장애가 있고

---

84) 신권철. 정신질환자 개념의 규범적 고찰. 법조. 59 (5). pp. 35-76. 2010.

85) 미국 정신의학회(APA, 1994)는 국제질병분류 10판(ICD-10)출판을 계기로 1991년에 DSM-Ⅲ-R을 수정하여 DSM-Ⅳ를 출판하기 위한 예비책자를 출판하였다. 곧이어 학회는 미국 정신의학회 진단특별연구위원회에서 제출된 보고서를 기초로 하여 1993년 3월 DSM-Ⅳ를 시판하게 되었다.
출처: https://lewisnoh.tistory.com/237 [Post Tenebras Lux]

86) 전진아. 복합 정신질환의 현황과 정책과제. 보건복지 Issue & Focus. 241. 1-8. 2014.

사회적 기능 및 자아 기능이 크게 떨어진다. 인간의 행동이란 기본적으로 생존을 위해서 외부상태를 파악하여 거기에 순응, 혹은 적응하거나 저항이나 공격, 그리고 회피 등의 선택 결과이다. 그 과정에서 쾌감이나 행복, 불쾌감, 공포, 병적 적응 행동 등이 나타난다. 이 모든 과정은 뇌가 통제하고 조절하고 있어, 결국 뇌로부터 어떤 행동이 나온다고 할 수 있다. 좀 더 설명하자면, 뇌의 감각계는 신체 내·외부에서 오는 자극을 감지하여 정보를 처리하고 자극에 대해 적절하게 반응하도록 한다. 이때 그 결과로 특정 행동이 나온다는 것이다. 감정 또한 생존 및 본능을 충족하는 과정에서 나오는 것이다. 이 기능은 뇌의 변연계에 있는 편도체와 해마가 관련하고 있다. 본능이 충족되면 쾌감을 느끼며, 충족되지 못하거나 위협될 때 불쾌감 혹은 공포감을 느낀다. 중요한 것은 뇌가 발달하는 시기에 본능이 원하는 욕구를 적절하게 충족하지 못하는 경우 병적인 행동이나 방어기제가 나타날 수 있다는 것이다.

정신질환은 기질적, 심리적, 사회적 요인을 원인으로 생길 수 있다. 대부분 정신질환은 한 가지 원인으로 나타나기보다는 생물학적, 환경적 요인과의 상호작용을 통해 발병한다.[87] 또한 정신질환이 핵심 원인과 다른 요인들이 누적되었을 때 발병한다고 주장하기도 한다.

정신질환의 발생과정은 다음과 같이 정리할 수 있다. 일반적으로

87) 정미자, "정신질환자를 대상으로 한 음악치료의 효과에 한 메타분석," 한세대학교 석사학위논문, 2010.

어떤 특정한 소인이 있는 사람이 감당하기 어려운 생물학적·심리적·사회적 스트레스가 올 수 있다. 이 때 대응전략과 방어기제를 사용하여 조정·극복하게 된다. 그런데 이것이 너무 크거나 누적되어 적응범위를 넘어서면 그대로 감정반응이 표현이 되거나, 적응과정에서 병적인 행동을 보이게 될 수 있다. 이것이 정신질환의 시작이다(최신정신의학, 2004). 이러한 외부의 자극은 신체적으로 충격을 받는 것뿐만 아니라 정신적인 스트레스, 약물 등이 포함된다.

정신질환자에게서 다양한 특징을 관찰할 수 있는데, 간단히 설명하자면 다음과 같다.

첫째, 대부분 정신질환은 일시적이기보다는 만성 질환인 경우가 많다. 거의 평생 문제가 지속되며 잠행성 증상을 보이고, 점진적으로 진전되거나 영구적 문제로 천천히 진행된다. 그러다 보니 환자들이 미래에 대한 희망이 약화되고, 기능이 쇠퇴하며 자신에 대한 확신을 잃어가는 경우가 많다. 이런 점을 고려하여 치료를 진행할 필요가 있다.

둘째, 정신질환자는 강한 방어기제를 가지고 있다. 이들은 자아상이 붕괴되어 대인관계나 사회생활은 물론, 일상생활조차 지속하기 어려운 사람들이 많다. 따라서 치료사는 정신질환자가 자기 자신을 재통합하고 자아를 올바르게 발달시킬 수 있도록 지지적이고 보호적인 환경을 만들어주어야 한다.

셋째, 같은 정신질환의 카테고리에 있더라도 개인에 따라 증상, 경과, 치료결과 등이 상당히 다르다. 그러기에 같은 사람이라도 시기에 따라 크게 변화한다. 이를 질병의 이질성이라고 한다.

넷째, 정신질환자들은 전반적으로 스트레스에 매우 취약하다. 사람은 항상 스트레스에 노출되어 있으며, 일정 수준의 스트레스에는 금방 적응하고 극복해내는 것이 일반적이다. 스트레스에 대한 반응은 새로운 적응 행동을 하거나 이에 대처하는 방법을 모색하는 행동을 한다. 각 사람에게는 다소 극복하기 어려운 스트레스에도 회복해내는 힘이 있다. 이것을 회복탄력성[88]이라고도 한다. 그러나 정신질환자는 적은 스트레스에도 극도의 정신병리 현상을 보인다. 치료사는 이런 점을 염두에 두고 아주 적은 스트레스에서 시작하여 스트레스 노출에 익숙해지며 극복할 수 있도록 섬세하게 접근해야 할 필요가 있다. 그 밖에도 장애에 영향을 주는 요인을 제거하거나, 보호 요인을 강화할 수 있도록 유도할 수도 있다.

다섯째, 정신질환자는 극도의 의존성을 갖는 경우가 많다. 이런 의존 증상은 사람과의 관계뿐만 아니라 알코올이나 약물에도 해당할 수 있다. 치료사는 이러한 의존 증상을 보이는 대상으로부터 점차 독립할 수 있도록 도와주어야 한다.

여섯째, 정신질환자는 대처능력이 결핍된 경우가 많다. 위기대처능력은 일반적으로 경제적 자원, 기술, 방어기제, 사회적 지지, 동기 등에 따라 그 수준이 달라지는데, 정신질환자는 이러한 기반을 쌓기에 어려움을 겪는다. 즉 정신질환자는 적절한 사고나 판단, 문제해결과

---

88) 회복탄력성은 영어 "resilience"의 번역어다. 심리학, 정신의학, 간호학, 교육학, 유아교육, 사회학, 커뮤니케이션학, 경제학 등 다양한 분야에서 연구되는 개념이며, 극복력, 탄성, 탄력성, 회복력 등으로 번역되기도 한다.

같은 인지능력이 떨어지고, 부적절한 감정표현을 하며, 자아 기능의 약화로 일상생활과 직업기능을 상실한 상태이다. 그로 인해 빈약한 경제적 능력과 사회적 지지망 등의 특성을 가지고 있다. 그러므로 위기에 닥쳤을 때 대처 행동을 하기보다는 상황을 그대로 수용하지 못하거나 무력감을 느끼는 등 소극적, 회피적 반응을 취한다.

마지막으로 정신질환은 난치성 질환이 많고 치료에 경제적인 부담이 큰 경우가 많다. 만성으로 진행되다 보니 경제적 기반이 어느 정도 있다고 하더라도 지속적인 부담이 있을 수 밖에 없다. 그 문제가 가족과 주위 환경에 적지 않은 고통을 준다. 어느 정도 치료에 진전이 있었던 경우에도 높은 재발률과 사회적, 개인적 기능의 손실로 사회에 복귀하는 데 어려움을 겪는다.

이러한 정신질환의 특성은 개인이 감당하기에 굉장히 어려운 일이다. 따라서 다양한 사회적 대책과 퇴원 후 사회적응을 돕는 지역사회 내의 환경조성이 필요하다. 재활 과정이 어렵고 단기간의 치료로는 재활을 달성하기 어렵다는 점에서 정부 차원에서의 적극적인 지원이 필요한 부분이다.

2. 정신질환과 음악심리치료

음악치료는 기본적으로 신경생리학적 모델에 기초하여 진행되는 것이 필요하다. 신경생리학적 모델에서의 음악은 인간의 뇌 신경계를 자극하여 심리적, 신체적, 정신적으로 영향을 끼친다. 특정 자극이 입력되면 뇌의 시상은 대뇌로 들어온 감각 정보를 피질 영역으로 중계하여 정보를 통합하고 처리한다. 즉 시상은 감각을 관리하고 대뇌 피질의 활동 수준을 통제하는 조절 신경회로의 중계 장소이다. 그리하여 각성 상태 유지, 집중력, 체온의 정상화에 관여한다. 간뇌에 속해있는 시상하부는 기본적인 생물학적 욕구와 동기를 조절하고 자율 신경계를 통제하는 역할을 한다. 여기서 주목할 점은 음악 자극이 다른 두뇌조직에 도달하기 이전에 간뇌의 시상하부에서 가장 먼저 수용된다는 것이다. 간뇌의 시상 및 시상하부를 자극하는 것은 곧 두뇌 피질을 자극하여 모든 감각과 감정에 영향을 미치게 된다. 바로 부정적인 감정 변화가 아닌 안정된 감정과 인식으로의 전환을 도와주며 특히 정신질환자에게 심리적 안정을 주고 병적인 방어기제를 성숙한 방어기제로 변화시킬 수 있도록 돕는다.

정리하자면, 음악 자극은 자율신경계에 영향을 준다. 그래서 병적으로 나타나는 행동증상을 완화시키고 변화를 유도하여 정신질환 치료에 있어서 그 효과를 기대할 수 있는 것이다. 이와 관련하여 무리이야스지(1991)의 연구를 함께 생각해볼 수 있다. 그는 치료대상자의 기분과 정서의 균형을 맞추는 음악을 활용하라고 했다. 그것이 치료사와 치료대상자 간의 심리적 통로를 형성하고 심리적 안정을 꾀할 수 있다는 것이다. 이는 '음악-행동' 이전에 '음악-감정' 반응이 먼저 일어나는 것을 말한다. 이는 음악 자극이 반응과 행동으로 가기 전에 감각과 감정에 먼저 영향을 주기 때문이라는 것이다. 또한, 음악은 β-엔

도르핀을 포함한 스트레스 호르몬을 감소시키는 기능도 있다.[89] 실제로 알트슐러(Altshuler)는 조현병(정신분열병) 환자에게 동질의 원칙(Iso Principle)을 이용하여 음악치료를 시행한 결과 정신병적 증상이 감소하였음을 보고하였다.

　정신질환자를 위한 음악치료 모델은 분석적 음악치료와 인지 행동적 음악치료 모델을 많이 사용되고 있다. 하지만, 음악치료의 모든 중재유형을 절충한 절충모델을 가장 많이 사용한다. 또한, 임상에서 음악치료는 주로 통찰 음악치료, 활동 중심의 음악치료, 인지 재구조의 목적을 가진 음악치료 순으로 적용된다. 음악치료를 시행할 때에는 보통 정신질환자의 개인적, 사회적 욕구를 채워주고, 손상된 자아상을 회복시켜주기 위해 사회기술, 정서, 인지, 행동, 신체 생리 영역으로 나누어 시행한다.

3. 정신질환자를 위한 음악심리치료

　음악치료는 신체와 정신의 건강을 복원, 유지, 향상시키는 목적을 위해 음악을 사용하여 치료하는 것이다. 음악은 언어로는 표현할 수 없는 것을 대변하며 감정을 드러내는 데 유용하게 쓰인다. 또한, 개인

---

89) 손은실. "음악치료가 정신질환자의 우울감과 스트레스에 미치는 영향" 이화여자대학교 대학원 석사학위논문. 1999.

의 내면을 투사하여 치료대상자가 자신을 이해하고 분열된 자아를 통합할 수 있도록 도와주기 때문에 아주 효율적인 심리치료의 수단이 된다.

정신질환자에 대한 치료는 개인치료로 할 수 있지만 집단 치료도 진행하는 것이 효율적이다. 바로 사회성 발달과 긍정적인 자아개념을 촉진하고, 억압된 감정을 건강하게 발산하여 기능 개선 및 재활능력을 증진할 수 있기 때문이다. 음악을 사용하기 때문에 언어적, 비언어적 교류활동을 자연스럽게 끌어냄으로써 위축된 정신질환자들에게도 치료의 효과를 기대할 수 있다. 실제로 최근 정신질환자를 대상으로 한 연구에서 음악치료가 효과적이라는 결과가 많이 보고되고 있다.[90]

국내에서 정신질환자를 대상으로 진행하는 음악치료는 주로 서양음악을 중심으로 이루어지고 있다. 그런데 드물게 국악을 사용한 음악치료연구도 보고되고 있다. 김소정[91]은"정신질환자를 대상으로 한 거문고 음악의 음악 치료성 연구"를 진행하여 국악의 치료 효과를 입증하였다. 인간의 마음과 정서는 분명히 동서양을 불문하고 보편성을 가지나, 민족 고유의 생활이나 문화와 같은 환경에 따라 다르게 반

90) 강민정. "정신질환자를 위한 집단음악치료의 치료적 요인에 관한 연구-사례연구를 중심으로" 이화여자대학교 대학원 석사학위논문, 2001.
91) 김소정. "정신질환자를 대상으로 한 거문고 음악의 음악치료성 연구" 중앙대학교 석사학위논문, 2014.

응할 수 있다. 한국인은 동양 문화권의 한민족으로써의 오랜 역사를 가진 고유한 민족의 얼을 가지므로 국악을 활용한 음악 치료도 자연스러운 접근방식이라고 할 수 있다. 아직 국악이나 한국 전통악기를 활용한 음악치료 연구가 많이 진행된 것은 아니나, 앞으로의 활발한 연구를 통한 발전을 기대해볼 수 있겠다.

4. 정신질환자를 위한 음악심리치료 프로그램

일반적으로 정신과에서 정신질환자를 대상으로 시행하는 프로그램을 분류하자면 7가지로 나눌 수 있다.[92]

(1) 악기 연주를 통한 음악치료

음악 활동의 기본은 노래를 부르거나 악기를 연주하는 것이다. 정신질환자들을 대상으로 하는 치료 활동은 대부분 집단을 구성하여 진행하는 것이 좋다. 직접 노래를 부르게 하거나 악기를 연주하는 활동에서도 그룹으로 진행한다.

기악그룹 즉흥연주(Instrumental Group Improvisation)나 기악그룹 연주(Instrumental Performance Ensemble) 프로그램은 치료대상자가 집단 내 다른 구성원들과 함께 연주와 즉흥연주를 하면서 올바른

---

92) 문지영. 음악치료 프로그램이 입원 정신질환자의 스트레스 감소에 미치는 효과. 재활복지 제14권. 제2호. pp. 199–221. 2010.

사회화, 의사소통 능력, 감정표현 능력, 협동력 등의 향상을 목적으로 진행되는 방법이다. 그룹 노래치료(Group Singing Therapy) 또한 마찬가지로 악기 연주 대신 노래 부르기라는 활동을 통해 집단 내 다른 구성원들과의 상호작용 방법을 배우도록 유도하는 접근법이다. 소극적이고 회피적 기질이 있는 정신질환자들에게 있어 이러한 접근은 음악이라는 공통 주제를 사용하여 긴장과 불안을 완화시키고 자연스럽게 사회적 참여로 인도한다는 특징이 있다.

그룹 노래심리치료는 비정형화된 노래부터 창조적이거나 즉흥적 노래부르기까지 다양한 노래 부르기 활동이 가능하다. 반면에 합창 연주그룹(Vocal Performance Ensemble)은 이미 알고 있거나, 새롭게 배우는 노래를 이용하여 다 함께 노래를 부르는 활동이다. 이 활동은 협동심을 기르고 차례를 기다리거나 대기하는 방법과 같은 사회성을 향상시켜준다. 이러한 활동에서 중요한 것은 합창·합주의 결과가 아닌 집단이 공동 목표를 완수하는 과정에서 상호 간의 경험 공유와 원만한 관계를 형성하는 것이다. 집단으로 진행하기 어려운 경우에는 개별치료 프로그램을 활용한다.

기악 개인 지도(Individual Instrument Instruction)는 치료대상자가 선택한 한 가지 악기를 활용한 다양한 음악적 기술을 습득하도록 돕는 방법이다. 치료대상자가 1:1로 대화하는 상황에 익숙해지고 지시나 평가적 피드백을 받아들일 수 있게 하는 것을 목적으로 시행한다. 이러한 경험은 좌절을 참고 이겨내게 하여 취약한 스트레스로부터의 극복 능력을 갖추게 한다. 그리고, 음악적 성취를 통해 자아 지지(ego support)를 형성하도록 돕는다. 그밖에도 재창조 악기연주(Recreative Playing), 지휘(Conducting) 등의 방법이 있다.

(2) 음악 심리치료 (Music Psychotherapy)

정신질환자들의 뒤틀린 방어기제를 개선하고 건강한 행동 패턴을 연습시키고자 진행하는 음악 심리치료가 있다. 지원하는 음악 그룹 및 개인 치료(Supportive Music Group/Individual Therapy)는 안전한 환경을 조성하는 것이 중요하다. 노래심리치료는 치료대상자가 강한 자기방어를 누그러뜨리고 병적 행동에서 벗어날 수 있도록 유도하는 접근법이다. 음악치료사는 치료대상자들이 음악을 감상하고 해당 음악의 요소나 내용, 성격 등을 해석하고 논의하도록 지시한다. 이때 음악은 치료사가 선택하기도 하고 치료대상자가 직접 선택하기도 한다. 음악치료사는 이러한 과정에서 감정을 명료하게 표현하고 적절한 대인 관계적 행위를 할 수 있도록 보조해야 한다. 상호 교류적 음악 그룹 및 개인치료(Interactive Music Group/Individual Therapy)는 연속적인 갈등과 건강하지 못한 방어기제에 중점을 두는 접근법이다.

음악치료사는 치료대상자의 행동과 동기, 그리고 그 내면에 숨어있는 방어기제를 파악해야 한다. 그리고 치료대상자와 건강한 반응에 대해서 함께 논의한다. 치료대상자는 이러한 과정에서 내관(insight)를 형성하여 자신의 상태를 이해하고 갈등에 대한 극복 방법을 생각하게 된다. 이때 음악치료사는 치료대상자가 자기 평가와 건강한 행동의 선택으로 이어질 수 있도록 지지하고 격려해야 한다.

촉매적 음악 그룹 및 개인 치료(Catalytic Music Group/Individual Therapy)는 음악을 치료대상자의 생각과 느낌 등을 자극하는 촉매제로 사용하는 접근법이다. 정신질환자들의 내면에 잠재된 억압된 감정이나 스트레스를 직접 다루는 것은 예민한 이들에게 부담스러운 일일 수 있다. 그러나 음악 활동은 이를 자연스럽고 간접적으로 접근할 수 있도록 도와준다. 음악적으로 유도된 경험의 상태를 통해 음악치료사는 치료대상자 내면의 갈등이나 억제된 감정 상태 등을 가늠해볼 수 있게 한다. 이때 음악은 이러한 감정을 억지로 꺼내서 내버려두는 것이 아니다. 반대로 의식하지 못했던 내면의 심리를 마주 보게 하고 인격을 재구성할 수 있도록 도전하는 힘을 준다. 치료대상자는 음악 활동을 지속함으로써 더 나은 자기 이해와 건강한 방어기제, 그리고 성숙한 생각을 가지는 과정을 거치게 된다.

(3) 동작을 활용한 음악치료

음악 활동은 음악을 직접 다루는 악기 연주뿐만 아니라 음악을 배경으로 하여 특정 동작을 취하는 행위도 포함한다. 실제로 많은 음악치료 접근법은 음악을 자연스러운 동작을 일으키는 매개체로 활용한다. 이때 사용하는 음악은 동작 행위의 욕구를 유발시켜준다. 그래서 단순하고 반복적인 리듬으로 심리적 혹은 생리심리학적 자극이 되는 음악으로 선택하는 것이 좋다. 이때 편안한 환경의 조성은 치료대상자의 감정을 표현하고 억압된 감정으로 생겼던 병적 행위를 제거할 수 있게 돕는다.

표현적 동작(Expressive Movement) 접근법은 치료대상자의 일상 생활에서 느끼는 스트레스에 대한 감정이나 느낌을 이해하고 표현할 수 있도록 유도한다. 이때 사용되는 음악의 주제는 사랑, 상실, 슬픔, 우울, 사회적 고립, 내면적 갈등, 희망과 기쁨과 등과 같은 느낌의 표현을 격려하는 내용을 담은 것을 선택하는 것이 좋다. 감정을 표현하기 위해서 동작은 '느린, 신중한, 흐르는' 특징을 파악하여 강조하는 것이 좋다.

음악에 따라 움직이는 동작 대신 춤을 사용하는 경우에는 포크댄스, 스퀘어댄스, 사교댄스(왈츠, 트로트, 폴카, 탱고), 현대춤(락, 디스코) 등을 활용하기도 한다. 음악과 함께 리듬 안에서 제공되는 구조화된 춤 동작을 배우는 것도 필요할 수 있다. 이 과정을 수행하는 과정에서 치료대상자가 사회적 교류, 유희적 기술, 기억과 집중, 인지 처리, 신체적 운동능력 등을 개선할 수 있도록 한다.

춤 대신 체조를 사용할 수도 있다. 음악과 체조(Music and Exercise)는 적응적 신체 운동을 위해서 일시적인 틀을 제공하고 이에 따라 동작을 취하는 접근법이다. 강한 리듬을 가지는 음악은 동기유발과 인내심을 증가시킨다. 이때 동작이나 댄스, 운동의 강도나 반복 횟수 등은 치료대상자의 수준과 적응 정도에 맞춰 점진적으로 증가시켜야 한다.

(4) 이완을 유도하는 음악치료

치료대상자가 음악을 이용하여 적극적으로 참여하는 접근법과는 달리 음악 감상은 다소 소극적으로 보일 수도 있으나 부정적 신체적, 정서적 기능을 개선하는 데 치료 효과를 기대해볼 수 있다.

음악 감상(Music Listening) 프로그램은 치료대상자의 우울 감소, 불안 감소, 통증 완화, 긴장 이완 및 스트레스 감소에 효과적인 중재 기법으로 사용된다.[93] 치료대상자는 음악을 청취하면서 음악을 구성하고 있는 리듬이나 가락, 음정, 강약의 정도, 빠르기 등과 같은 요소를 지각하고, 전반적인 음악의 구조나 스타일, 음색 등을 이해하게 된다. 이러한 과정에서 떠오르는 다양한 감정 스펙트럼으로부터 자신의 내적 감정, 중요한 사건 등을 연결하고 탐색하고 재경험을 하게 된다.

편안하고 안전한 환경에서 차분해진 몸과 마음의 상태는 치료대상자가 이러한 경험을 두려움 없이 마주하고 자아를 통합할 수 있게 한다. 음악치료사는 음악이 주체가 되지 않고 치료대상자가 온전히 자신의 내적 경험과 상상을 유도하는 보조적 역할을 할 수 있도록 해야 한다. 일반적으로 고전음악인 클래식 음악을 많이 사용하는데, 그중에서도 널리 알려진 음악은 상상력을 방해할 수 있으므로 잘 알려지지 않은 음악을 선택하는 것이 좋다.

---

93) 박소정, "화병환자를 대상으로 한 음악청취 중재의 효과에 대한 연구" 경희대학교 대학원 석사학위논문, 2007.

음악 이완(Music Relaxation) 접근법은 음악감상을 통해 신체적·심리적 이완을 가져와 긴장을 해소하고 불안을 감소시키는 것이 목적이다. 일반적으로 음악 이완을 위해 사용되는 음악은 타악기를 사용하지 않으며 멜로디의 진행은 지속적이거나 레가토인 것을 선택하는 것이 좋다. 단계적 긴장이완 훈련을 위한 음악이나, 일시적 긴장 이완을 가져오는 음악을 사용하기도 한다.

(5) 음악과 예술활동의 연계

음악치료를 할 때에 음악을 감상한 후 이를 예술활동과 연계하는 방법을 사용하기도 한다. 음악과 연관된 예술활동(Art Activity related with Music)은 음악을 듣고 떠오르는 생각이나 느낌 등을 시, 이야기, 그림, 조각 등과 같은 예술활동으로 표현하는 접근법이다. 시나 이야기 등을 통해 음악적 경험을 언어적으로 확장하거나, 그림이나 조각 등을 통해 비언어적으로 확장하여 자신의 감정을 다양하게 표현할 수 있도록 유도하는 것으로 치료대상자의 내관(insight)을 형성하도록 돕는 방법이다.

(6) 유희 활동을 활용한 음악치료

음악적 활동을 해야만 하는 것이라기보다는 유희 활동과 접목하여 편안하고 즐거움을 줄 수 있도록 접근하는 방법이 있다. 예를 들어 음악 게임(Music Games)과 유희적 음악 연주 그룹(Recreational Music Performance Groups), 음악 감상 인식(Music Appreciation Awareness), 여가 선용을 위한 음악 활동(Leisure-Time Skill Development)

등이 있다.

　음악 게임은 치료대상자들이 안전하고 예측 가능한 환경에서 사회적 교류를 놀이의 형태로 참여를 유도하는 방법이다. 이때 집단에 참여하고 적응하며, 사회화 능력을 개선할 수 있도록 협동 과정에 중점을 둔다. 음악 감상 인식은 치료대상자가 다양한 음악적 자극을 통해 음악에 대한 이해와 인식이 확장되도록 하는 방법이다. 치료대상자는 이 과정에서 자신의 취향이 아닌 음악에 대한 참을성을 기르고 집단 참여를 격려 받게 된다. 정신질환자에게 있어 적극적인 지지와 격려는 위축되었던 자신을 조금씩 드러내고 취약한 스트레스에 맞서는 힘을 줄 수 있는 중요한 기반이 된다. 따라서 음악치료의 진행에 있어서 비위협적이고 기분이 좋은 음악적 기회를 제공하여 편안하고 안전함을 느끼도록 환경을 조성하는 것이 음악치료사가 해야 할 가장 중요한 일이다.

참고 문헌

강민정, "정신질환자를 위한 집단음악치료의 치료적 요인에 관한 연구-사례연구를 중심으로" 이화여자대학교 대학원 석사학위논문, 2001.

김소정, "정신질환자를 대상으로 한 거문고 음악의 음악치료성 연구" 중앙대학교 석사학위논문, 2014.

문지영, 「음악치료 프로그램이 입원 정신질환자의 스트레스 감소에 미치는 효과」 (재활복지 제14권. 제2호, 2010), pp. 199-221.

박소정, "화병환자를 대상으로 한 음악청취 중재의 효과에 대한 연구" 경희대학교 대학원 석사학위논문, 2007.

손은실, "음악치료가 정신질환자의 우울감과 스트레스에 미치는 영향" 이화여자대학교 대학원 석사학위논문, 1999.

신권철. 정신질환자 개념의 규범적 고찰. 법조. 59 (5). pp. 35-76, 2010.

전진아. 복합 정신질환의 현황과 정책과제. 보건복지 Issue & Focus. 2014. 1-8.

정미자, "정신질환자를 대상으로 한 음악치료의 효과에 관한 메타분석," 한세대학교 석사학위논문, 2010.

정영조, 정신질환자에 대한 집단음악치료 연구 (인제의학 제13권 제2호, 1992), pp. 283-295, 1992.

정호진, "입원 정신분열증 환자를 대상으로 한 정악(正樂) 이용 국악치료의 인지 기능 및 우울감 개선 효과" 대구대학교 재활과학대학원 석사학위 논문, 2012.

5부
의료분야 음악심리치료와
슈퍼비전

조르주 브라크 – 어울림

제12장 일반 의료 분야에서의 음악치료

음악치료는 음악치료사가 특정한 치료대상자를 대상으로 치료 목적을 설정하고 세션을 단계적으로 해 나가는 것을 말한다. 하지만, 많은 병원에서는 치료를 돕는 보조 프로그램으로 음악을 사용한다. 환자들이 병원을 방문하였을 때 그들은 질병과 함께 사회심리학적 문제들도 지니고 의료진의 도움을 구하게 된다. 많은 환자들의 대부분은 자신이 처한 극한 상황을 잘 이겨내고 적극적으로 투병에 임하게 되지만, 일부의 환자들은 심리적으로 위축되고 심리적 갈등과 두려움과 스트레스를 느끼며 우울증에 빠지기도 하며, 때로 절망감을 느끼는 환자도 있다. 특히 소아과의 경우에는 대부분의 소아환자들이 의료진의 시술에 두려움과 공포를 느끼게 되어 치료과정에서 거부하거나 저항하기도 하고 울음을 터트리기도 한다. 이렇게 심리적으로 위축된 환자들에게는 음악치료와 같은 보완적 치료를 통한 중재가 통증의 완화, 정신적 신체적 안정, 긍정적 투병자세의 유도, 의료진과의 협조력 향상 및 의료 서비스에 대한 만족도를 높이는 결과를 가져올 수 있다.

1. 수술과 마취와 음악심리치료

음악은 병원 치료의 한 과정으로 마취학에 관여할 수도 있다.[94] 수

술은 육체적 외상뿐만 아니라 환자에게 공포와 불안의 요소가 된다.[95] 불안은 자율신경계의 각성과 긴장, 과민으로 구성되는 정서적 상태이다.[96] 척추 마취 시 대부분의 환자는 깨어있는 상태에서 수술을 받기 때문에 극도의 불안을 느끼게 된다. 그동안 환자의 불안을 완화하는 방법으로는 수술 전날 마취과의사가 방문하여 환자에게 안정을 주고 마취 전처치와 마취방법을 설명해주는 마취전 방문과 마취 전 투약을 하는 것이 좋은 방법이라고 알려져 왔다.[97]

최근에 이르러서는 음악을 통해 불안을 완화하는 방법이 많이 이용되고 있다. 음악치료가 이완 효과, 통증과 불안감소의 효과가 있음은 많은 선행 연구결과를 통해 입증된 사실이다. 또한, 수술 중 음악을 들려주는 것이 환자의 불안을 감소시킨다는 연구들도 있다.[98] 이준행 등은 수술 중에 음악을 들려준 환자의 혈압, 맥박수, 불안점수, 통증 평가척도(Visual Analogue Scale=VAS) 등을 측정한 결과 환자의 불안에 있어서 음악치료 효과가 있다는 것을 보고하였다.[99]

94) Moerman N, Van Dam FS, Muller MJ, Oosting H: The Amsterdam Preoperative Anxiety and Information Scale (APAIS). Anesth Analg 1996; 82: pp. 445-51.

95) McCleane GJ, Cooper R: The nature of pre-operative anxiety. Anesthesia 1990; 45: 153-5.

96) White JM: Music therapy an intervention to reduce anxiety in the myocardial infarction patient. Clinical Nurse Specialist 1992; 6: 58-63.

97) Egbert LD: Reduction of postoperative pain by encourgement and instruction of patient. N Eagl J Med 1964; 46: 27-30.

98) Gaberson KB: The effec of humorous and musical distraction on preoperative anxiety. AORN J 1995; 62: 784-8.

99) 이준행, 유병식, 정종달, 안태훈. 척추마취시 음악청취가 환자의 불안에 미치는 영향. 대한마취과학회지. 47. pp. 38-41. 2004.

2. 수술 대기 환자와 음악감상 효과

수술할 때 마취와 마찬가지로, 음악치료는 수술대기 환자에게 불안감을 완화시키는 방법으로도 많이 사용되고 있다. 응급실의 분위기는 항상 긴장감이 감도는데, 환자는 자신의 문제 이상으로 분위기에서 오는 긴장감 때문에 스트레스를 받게 된다. 이때, 편안한 음악을 들려주는 것은 환자는 물론 보호자와 병원 직원들에게도 정서적으로 도움이 된다. 대부분의 병원에서는 대기실에서 잔잔한 음악을 틀어놓으며, 치과에서는 수술 후에 통증을 경감시키기 위해 많이 사용하고 있다.

3. 임산부를 위한 음악심리치료

임산부들은 출산이 다가오면 다양한 이유로 심리적 불안을 느끼게 된다. 그중에서도 특히 임산부가 조기진통으로 입원을 하게 되면 다른 상황보다도 심리적 불안으로 발생하는 스트레스가 대폭 증가한다.[100]

이런 점에서 병원에서는 진통의 원인 및 위험요소를 조기에 감지하

---

100) Moon EH, Kim JY, Jeung MK, Son HM, Oh JA. Anxiety-depression and maternal fetal attachment behaviors of pregnant women with preterm labor and normal pregnant women. Korean Parent-Child Health Journal. 2006;9(2): pp. 128-139.

고, 침상안정과 약물요법을 활용한 신체적 간호뿐 아니라, 심리적 불안으로 발생하는 스트레스를 감소시키기 위해 정서적 지지와 간호를 해야 한다.[101] 이때 스트레스를 감소시키는 방법 가운데 음악요법은 관심전환 방법의 일종으로 심리적 접근을 이용하는 주요 치료방법으로 많이 이용되고 있다.[102]

음악요법은 환자에 적절한 음악과 자연의 소리를 이용하여 통증을 감소시키는 것을 말한다. 분만 전에 익숙하게 들어왔던 음악은 산모에게 큰 도움이 된다. 음악은 산모로 하여금 분만하는 동안에 통증을 더 잘 견디게 해주고 긍정적 기분을 향상시켜준다. 또한 산모의 부드럽고 규칙적인 움직임과 호흡을 도와 이완된 분위기를 조성하여 부부가 서로를 신뢰하게 돕는다는 연구가 있었다.[103]

1981년 클라크(Clark)는 음악을 함께 들려주었을 때 분만에 대한 경험이 라마즈(Lamaze, F.)[104] 분만법만 시행하는 것보다 긍정적이었다고 했다. 뿐만 아니라 가족의 지지를 더 의미있게 받아들이고 신체를

---

101) Kim JY. Imagery—centered music listening on physiological and psychological re-laxation of women with high—risk pregnancy [master's thesis]. Seoul: Ewha Wom-ans University; 2010. p. 89.

102) Kim IS, Kim HS, Lee MH. Effects of music therapy on anxiety and distress in patients taking thoracentesis. Journal of EastWest Nursing Research. 2011;17(2): pp. 103-109.

103) Durham L, Collins, M. The effect of music as aconditioning aid in prepared childbirth education. Journal of Obstetric, Gynecologic and Neonatal Nursing. 1986;15, pp. 268-270.

이완시키고 통증을 감소하고 분만시간이 단축되었다고 보고하였다.[105]

음악은 임산부가 겪는 내적인 긴장과 갈등을 간접적으로 해소하며, 신체적, 사회적, 심리적 제약으로 인해 발생하는 다양한 스트레스를 해소하는 데 도움이 된다. 또한, 임산부의 기분을 전환하게 하여 정서적 유익을 제공할 수 있다. 여러 연구결과에 따르면 음악을 감상하고 긍정적인 심상경험을 격려하는 음악요법이 고위험 임산부의 생리적, 심리적 이완을 유도하는 데에 효과적임을 증명하고 있다.

그 밖에도 진통 임산부를 대상으로 신체적·심리적 안정과 지지를 위한 중재 프로그램을 적용하여 효과를 검증한 연구는 복식호흡, 이완요법 등이 있다. 이러한 음악요법을 적용한 연구는 박혜진과 성미혜,[106] JY Kim의 연구가 있다.[107] 해외에서도 임산부를 대상으로 음악치료적 개입을 시도한 연구들이 상당수 이루어져 왔다.[108] 음악요법

---

104) 러시아의 파블로브 조건반사 현상을 분만에 이용한 것이 라마즈 분만법의 시초이다. 러시아 의사들은 진통 중의 산모에게 부정적인 자극인 진통을 긍정적인 생각에의 신호로 이용하여 연상, 이완, 호흡법으로 산모의 통증을 완화시키는데 응용하였다. 그러던 것이 1950년 프랑스에서 열렸던 학회를 계기로 산부인과 의사인 라마즈 (Lamaze, F.) 박사에 의해 서구에 전파되었다.

105) Clark, McCorkle, Williams. Music therapy-assisted labor and delivery. Journal of Music Therapy. 1981 ; 18 : 88–100.

106) 박혜진, 성미혜. 음악요법이 조기진통 임부의 조기진통 스트레스 및 자궁수축에 미치는 영향. 영성건강간호학회지. 23. 2017. pp. 109–116.

107) Kim JY. 2010.

108) Federico GF, Whitwell GE. Music therapy and pregnancy. Journal of Prenatal and Perinatal Psychology and Health. 2001 ; 15(4) : pp. 299–312.

의 생리적, 심리적인 유익한 영향은 다양한 건강관리상황에서 음악요법이 독자적인 간호 중재를 위한 하나의 방법으로 사용될 수 있음을 충분히 예측하게 한다.

4. 태교와 음악심리치료

임신 중 자궁 내의 태아에게 교육한다는 의미의 태교는 임산부가 태아에게 좋은 영향을 주기 위해 산모의 몸과 마음, 감정, 행동, 언어를 정화하여 자궁 속의 태아에게 좋은 환경을 만들어주며 사랑과 애정을 보여주는 것이다. 그리고 부모로서 태어날 아이에게 행하는 전인적 교육활동의 첫걸음이다.

미국에서 1925년 자동차 경적을 이용하여 태아가 소리에 반응하는 것을 발견한 이래로 태아도 들을 수 있다는 것이 입증되기 시작하였다. 그 후 여러 학자들이 초인종이나 소리를 내는 기구를 이용해 태아가 듣는다는 사실을 과학적으로 입증하였다.[109] 태아의 청력은 태내에서부터 잘 발달된 감각 중 하나이다. 또한 태아는 자기들만의 내적 리듬을 가지고 있고, 자고 먹고 호흡하는 리듬을 가진채 엄마의 심장 박동 수에 길들여져 있다. 엄마의 몸속에서 들리는 진동소리가 곧 태

---

109) 정승하. "태교음악에 관한 연구. 음악치료의 이론적 기반을 기초로 하여". 동아대학교 석사학위논문, 2003.

아에게 음악적 리듬을 느끼게 해준다. 태아는 이 리듬을 자신의 뇌에 소리로 새겨서 자신만의 리듬체계를 서서히 만들게 된다. 이때, 엄마가 음악을 듣고 느끼는 정서적 반응이 태아의 정서에 직접적으로 영향을 주게 되는 것이다. 이런 엄마의 리듬과 태아의 리듬은 규칙적이고 안정적인데, 이 규칙성과 안정성을 지키는 것이 중요하다.[110]

5. 혼수상태 환자를 위한 음악심리치료

혼수상태에 있는 환자는 말을 걸거나 자극을 주어도 아무런 반응을 보이지 않는다. 어떻게 하면 이러한 코마(coma) 상태의 환자들을 도울 수 있을까? 여러 연구에서 발표된 코마 상태에서 회복된 환자의 인터뷰에 따르면 혼수상태에서 의식이 극도로 흐려져 있는 상태에서도 그때의 상황들을 자세하게 기억하고 있다. 이때 대부분은 자신들이 갇혀 있거나 죽음의 위협을 받는 듯한 느낌이었다고 말한다. 또한, 환자들은 혼수상태에서 낯설고 괴로운 이상한 체험들을 했다고 한다. 이런 얘기를 들어보면, 혼수상태의 환자를 다룰 때 주목해야 할 점은 전혀 의식이 없는 상태라고 해서 아무것도 체험하지 못하는 상태로 여겨서는 안 된다는 사실이다. 신경 정신과 의사들은 전체적인 뇌 기능이 상실된다 하더라도 대뇌 신경 연결이 모두 끊어지는 상태는

---

110) 이은경, "태교음악의 정착과 보급에 관한 조사 연구", 영남대학교 교육대학원 석사학위논문, 1995.

아니라는 사실을 지적하면서 그런 경우 환자는 기본적이 의식이 있기때문에 수동적인 경험을 하게 된다고 한다.

깊은 혼수상태에서도 기본적인 지각 과정이 이루어질 수 있다는 사실은 1989년 영국의 세계적인 언론인 로이터통신과 그의 동료들이 뇌파검사에서 'P-300파'를 이용하여 혼수상태의 뇌에서도 정보 처리 과정이 일어나고 있음을 입증하면서 일찍이 밝혀졌다. 중환자실에서 죽은 듯이 누워있는 환자도, 내면에서는 의식을 갖고 자신의 자의식과 인간성을 지키려고 노력하고 있는 것이다.

혼수상태의 환자에게 자기실현의 기회를 마련해 주려면, 환자를 대하는 방식에 변화가 있어야 한다. 혼수상태의 환자는 초보적인 의식 발달의 상태, 또는 꿈을 꾸는 상태이기 때문이다. 따라서 언어를 이용한 치료보다는 음악을 이용하여 접근하는 것이 바람직하다. 음악은 언어로는 표현할 수 없는 것을 다양한 관점에서 표현해냄으로 폭넓은 접근방식이 될 수 있다. 그러나 음악적 치료가 단순히 치료대상자에게 헤드폰을 씌워 음악을 들려주는 것이라고 할 수는 없다. 음악을 통한 접촉이 치료대상자와 치료사 사이의 대화가 성립할 수 있도록 환경을 마련해야 하는데, 예를 들면 치료대상자의 호흡 리듬을 잡아내서 그것을 자신의 목소리 등을 통해 음악으로 전환하는 방식 등을 이용할 수 있다. 또한, 치료대상자에게 특별한 추억이 있는 음악을 들려주는 것도 방법일 수 있다.

혼수상태의 치료대상자를 대상으로 하는 음악치료에 대한 임상에 관하여 다그마 구스토르프(Dagma Guthtrof)의 임상 경험의 사례는 다음과 같다.[111]

> 병실 가운데서 구스토르프가 혼수상태의 환자에게 노래를 불러 주는데, 그 노래는 환자가 어릴 때 좋아하던 곡이라고 가족들이 알려 준 것이었다. 그런데 구스토르프가 노래를 하자, 환자가 분명한 반응을 보이는 것이다. 처음에는 환자의 눈동자에 기별이 왔다. 그리고 나서는 치료사의 손을 쥐더니, 마침내는 눈을 뜨고 머리를 움직이기 시작했다.

혼수상태의 환자에 대한 음악치료에 대해서, 구스토르프는 이렇게 묘사한다.

> 손을 잡거나 하면서 환자를 건드려 보고, 환자의 이름을 불러보고, 또 나 자신을 소개하면서, 이제부터 노래를 할 거라고 설명하고 노래를 불렀다. 환자로부터 나오는 호흡의 변화나 작은 움직임 등 모든 표현이 노래하는 방법에 영향을 주었다. 혼수상태의 환자에게서 나타나는 움직임의 대부분 이 근육 경련에 의한 것임을 잘 알고 있지만, 나는 그 움직임들조차도 환자가 현재 할 수 있는 표현 방법이라고 생각했다. 잃어버린 능력이 아니라 환자에게 남아 있는 능력을 치료의 출발점으로 생각하면, 자연히 이런 관점이 생긴다.

---

111) 힌리히 반 데어스트, 「음악치료」, 공찬숙, 여상훈 공역. 서울: 시유시, 1998.

중환자실에서 혼수상태의 환자를 대상으로 하는 음악치료는 궁극적으로 환자가 반응하고, 깨어나서 의식을 되찾는 것이 목적이다. 따라서 병원에서 이루어지는 치료 방식과는 근본적으로 다른 개념이므로 다른 방식으로 접근하게 된다.

6. 예방의학으로서의 음악심리치료

1) 스트레스

인간은 외부의 위협이나 도발 혹은 생체에 가해지는 자극이나 심리적 자극과 같은 외부 스트레스 요인으로부터 자신을 보호하려는 마음이 있는데 이때 이것을 긴장이라고 한다. 이와 같은 긴장이 해소되지 않고 오래 지속되는 상태를 스트레스라고 말한다.

직장 생활이나 육아 등 여러 상황으로 인하여 오랜 시간 지속적으로 심리적 긴장을 겪는 경우 이러한 장기적인 스트레스가 암, 심장병, 위장장애, 면역체계 약화 등의 생리적인 문제를 야기하게 된다. 스트레스 해소를 위한 음악치료란 치료사가 대개 개인이나 그룹 활동을 통해 지속적이고 단계적으로 스트레스를 이완시키는 방법을 지도하는 것을 가리킨다. 많은 연구자들이 적극적인 음악 감상이나 음악활동이 장기적이고 만성적인 스트레스를 해소하여 건강을 보호하는 데 도움이 됨을 밝히고 있으며, 음악심리치료가 스트레스를 감소시키는 데 좋은 영향을 미친다는 연구결과들을 발표하고 있다.

김 진[112]은 '마인드맵(Mind Map)을 활용한 노래가사분석(Lyric Analysis) 활동을 통한 장애아동 어머니의 양육스트레스 감소에 관한 연구'을 진행하였다. 장애아동 어머니의 양육스트레스에 미치는 영향을 알아보고자 양육스트레스 검사의 수치가 높은 장애아동 어머니 6명을 선별하여 총 14회의 노래가사분석 중심의 활동을 실시하였다. 회기평가 설문지 실시 및 프로그램 진행 과정 중 마인드 맵핑에 나타나는 대상자들의 언어적, 행동적 반응 변화를 분석한 것이다. 연구결과는 마인드맵을 활용한 노래가사분석 활동이 장애아동 어머니의 양육스트레스에 긍정적인 영향을 줄 수 있음을 보여주었다.

우수민과 조성희[113]는 '음악심리치료 경험에서 나타난 장애아 어머니들의 심리적 현상 연구'를 진행하였다. 총 10회의 음악심리치료를 진행한 후 심층 면담을 통하여 자료를 수집한 후 콜레이지(Colaizzi)의 현상학적 연구방법을 사용하여 참여자들의 면담 내용을 분석하였다. 이 연구는 음악심리치료에서 나타난 장애아 어머니들의 심리변화를 심도 있게 질적 연구로 접근하고 있으며, 음악이라는 예술매체를 사용한 심리지원 서비스를 다루었다.

정현주[114]는 '청소년의 음악 감상 행동에 관한 연구'에서 청소년들

---

112) 김진. 마인드맵을 활용한 노래가사분석(Lyric Analysis) 활동을 통한 장애아동 어머니의 양육스트레스 감소에 관한 연구. 인간행동과 음악연구. 7 (2). pp. 23-45. 2010.
113) 우수민. 조성희. 음악심리치료 경험에서 나타난 장애아 어머니들의 심리적 현상 연구. 한국예술연구. 22. 171-197. 2018.
114) 정현주. "청소년의 음악 감상 행동에 관한 연구". 이화여자대학교 석사학위논문. 2005.

의 음악 감상 행동과 선호도를 조사하여 분석하였다. 청소년들은 음악 감상을 통해 긍정적 정서를 경험하고, 자신의 감정을 표출하며, 결국 자신의 감정에 대하여 보다 폭 넓게 이해하는 요인으로 작용한다는 결론을 내렸다.

배경음악이 스트레스에 대한 반응을 감소시키고 스트레스 상태에서 긴장을 이완시키도록 돕는다는 연구결과도 있다. 이는 음악이 긴장이완에 도움이 됨을 증명하고 있다. 이유미와 금명자[115]는 '음악과 음악경력이 긴장이완을 위한 안내 심상에 미치는 영향' 연구를 했다. 이 연구에서 긴장이완을 위한 안내심상기법에서 음악이 단순한 배경음악이 아니라, 긴장이완을 효과적으로 높여주는 중요한 역할을 한다는 것을 보여주었다.

2) 면역체계 강화

음악은 인간의 모든 감각에 작용하여 인간의 행동이나 심리에 영향을 미칠 수 있기에 인간의 행동과 심리상태에 여러 가지 반응을 일으키게 된다. 리듬과 비트가 강한 음악은 춤을 추고 싶게 만들고, 서정적이고 목가적인 음악은 평화롭고 평원과 아름다운 꽃밭을 연상시키기도 한다. 또한, 여러 사람들이 모여서 합창을 하게 되면, 함께 노래를 부르는 사람들 사이에 유대관계를 형성하게 만든다. 이렇게 음악

---

115) 이유미, 금명자. 음악과 음악경력이 긴장이완을 위한 안내심상에 미치는 영향. 한국 심리학회지: 상담 및 심리치료. 17 (2). pp. 437-449, 2005.

은 심리적이고 정서적인 면에서 여러 영향을 미치게 된다.

뿐만 아니라 음악은 생리적으로도 변화를 만들어낸다. 이러한 음악의 특징을 이용하여 과거부터 현재에 이르기까지 음악의 질병완화 및 치료에 관한 연구가 이루어져 오고 있다. 오늘날에는 예방의학 측면에서의 일반인들의 건강 생활에 음악이 관여되는 면역체계에 대한 활발한 연구가 진행되고 있다. 이제 음악치료는 환경음악의 일환으로 병원 대기실, 수술실, 분만실, 신생아실 등에서 사용되고 있으며 임신부와 태아의 감정을 치료하는 등 그 범위를 넓혀 가고 있다.

음악을 감상할 때 면역을 강화하는 호르몬에 어떤 변화가 일어나는지에 관심을 가지면서 바틀렛(Bartlett)은 사람들이 좋아하는 음악을 감상할 때 인터류킨(interleukin)과 스트레스 호르몬인 코르티솔(Cortisol)에 어떠한 변화가 일어나는지를 살펴보았다. 그 결과 대상자 18명 중 17명에게서 염증을 줄이고 스트레스를 줄여주는 코르티솔이 감소하였으며 면역세포를 활성화시켜주는 인터류킨-I의 증가가 발견되었다. 이는 음악이 면역체계와 관련 있음을 시사한다.

음악치료의 결과로 치료대상자의 기분이 긍정적이고 만족스러운 상태에 도달한 것은 중요한 변화로 언급되었다. 음악은 특별히 시상하부와 관련되어 인간의 감정,기억, 경험을 담당하는 뇌 기관이 림빅 시스템(Limbic system) 전면과 면역생물의 고리를 만들게 된다. 그리고 몸안에서 생기는 강력한 진통제로 대수술 때의 주사제보다 100-300배 강력한 엔도르핀(Endorphin) 생성에 도움을 가져온다는 사실과 관련된 것이라 할 수 있다.

참고 문헌

김　진. 마인드맵을 활용한 노래가사분석(Lyric Analysis) 활동을 통한 장애아동 어머니의 양육스트레스 감소에 관한 연구. 인간행동과 음악연구. 7 (2). pp. 23-45, 2010.

박혜진, 성미혜. 음악요법이 조기진통 임산부의 조기진통 스트레스 및 자궁수축에 미치는 영향. 영성건강간호학회지. 23, pp. 109-116, 2017.

우수민, 조성희. 음악심리치료 경험에서 나타난 장애아 어머니들의 심리적 현상 연구. 한국예술연구. 22. pp. 171-197, 2018.

이유미, 금명자. 음악과 음악경력이 긴장이완을 위한 안내심상에 미치는 영향. 한국심리학회지: 상담 및 심리치료. 17 (2). pp. 437-449, 2005.

이은경. "태교음악의 정착과 보급에 관한 조사연구", 영남대학교 교육대학원 석사학위논문, 1995.

이준행, 유병식, 정종달, 안태훈, 척추마취시 음악청취가 환자의 불안에 미치는 영향. 대한마취과학회지. 47, pp. 38-41, 2004.

정승하. "태교음악에 관한 연구. 음악치료의 이론적 기반을 기초로 하여". 동아대학교 석사학위논문, 2003.

정현주. "청소년의 음악 감상 행동에 관한 연구". 이화여자대학교 석사학위논문, 2005.

힌리히 반 데어스트, 「음악치료」 공찬숙, 여상훈 공역, 서울: 시유시, 1998.

Clark, McCorkle. Williams. Music therapy-assisted labor and delivery. Journal of Music Therapy, 18. pp. 88-100, 1981.

Durham L, Collins, M. The effect of music as a conditioning aid in prepared childbirth education. Journal of Obstetric, Gynecologic and Neonatal Nursing. 15, pp. 268-270, 1986.

Egbert L. D. Reduction of postoperative pain by encourgement and instruction of patient. N Eagl J Med, 46. pp. 27-30, 1964.

Federico G. F., Whitwell G. E. Music therapy and pregnancy. Journal of Prenatal and Perinatal Psychology and Health. 15(4): pp. 299-312, 2001.

Gaberson K. B. The effec of humorous and musical distraction on preoperative anxiety. AORN J, 62. pp. 784-788, 1995.

Kim I. S., Kim H. S., Lee M. H. Effects of music therapy on anxiety and distress in patients taking thoracentesis. Journal of East West Nursing Research. 17(2): pp. 103-109, 2011.

Kim J. Y. Imagery-centered music listening on physiological and psychological relaxation of women with high-risk pregnancy master's thesis. Seoul: Ewha Womans University, 2010.

Moon E. H., Kim J. Y., Jeung M. K., Son H. M., and Oh J. Anxiety-depression and maternal fetal attachment behaviors of pregnant women with preterm labor and normal pregnant women. Korean Parent-Child Health Journal. 9(2). pp. 128-139, 2006.

McCleane GJ, Cooper R. The nature of pre-operative anxiety. Anesthesia, 45. pp. 153-5, 1990.

Moerman N, Van Dam FS, Muller MJ, Oosting H: The Amsterdam Preoperative Anxiety and Information Scale (APAIS). Anesth Analg 1996; 82: pp. 445-51.

White JM: Music therapy an intervention to reduce anxiety in the myocardial infarction patient. Clinical Nurse Specialist 1992; 6: pp. 58-63.

앙리 루소 - 잠자는 집시

제13장 호스피스 음악심리치료

1. 호스피스에 대한 이해

미국 보건성(Department of the Health and Human Services, 2013)은 호스피스를 "치료할 수 없는 질병의 마지막 단계에서 임종 환자가 가능한 한 편안하게 살 수 있도록 도와주고 지원하는 행위"라고 정의하였다. 이와 더불어 "환자와 가족들이 죽음을 자연스러운 과정으로 인식하고 수용하여 죽음에 잘 대비하도록 하며 영적, 정신적으로 만족할 수 있도록 돕는 것"이라고 말하고 있다.

김군자[116]는 호스피스에 대하여 다음과 같이 언급하고 있다. 첫째, 호스피스 대상자는 치료가 거의 불가능한 말기 환자와 그의 가족들로 정의한다. 둘째, 호스피스는 환자의 여생을 가능한 편안하게 하며 충만한 삶으로 마무리할 수 있도록 돕는 일이다. 셋째, 호스피스는 호스피스 대상자가 그들의 삶을 긍정적으로 수용하게 하여 죽음을 삶의 일부로 자연스럽게 받아들일 수 있도록 돕는다.

---

116) 김군자. 호스피스와 음악치료. 호스피스 학술지. 7 (2). pp. 111-123. 2007.

호스피스의 목적은 전반적으로 환자의 생명 연장보다는 질병에 대응하고 환자의 삶의 질을 높이는 것에 있다. 또한, 호스피스는 환자의 여생을 인위적으로 연장하거나 단축하지 않으며, 주어진 여생만큼 잘 살다가 자연스럽고 편안하게 생을 마감할 수 있도록 돕는 것에 초점을 둔다. 호스피스 철학은 호스피스 대상자와 가족의 요구와 필요에 부응하며 가능한 모든 자원을 이용하여 이를 충족시키고 지지하면서 죽음을 잘 준비하도록 돕는 것이다.

호스피스는 질병으로 인하여 시한부 선고를 받은 환자들에게 병에 대한 치료와 통증 완화에 더하여 지지적인 환경 조성, 심리적 안정을 위한 서비스를 동시에 제공하여야 한다. 동시에 의료진은 환자의 증상을 경감시키고 최상의 삶의 질을 유지하도록 도와야 한다. 이러한 환자를 위한 치료의 중재는 환자의 다각적인 요구를 받아들여 결정하는 것이 좋다. 최근에는 기존에 구성되었던 의료진과 호스피스에 더하여 음악치료사도 포함되는 추세이다.

2. 종말기 환자를 위한 음악심리치료

호스피스 병동의 종말기 환자란 생명에 치명적인 질병으로 말미암아 회복의 가능성이 없는 경우를 말한다. 대부분 종말기 환자들은 부정과 소외, 분노의 감정을 거쳐 협상, 우울, 수용하는 단계를 밟는다. 특히 종말기를 오래 보내면서 죽음을 바로 앞둔 환자는 몇가지 심리적 어려움에 직면한다. 즉, 소외되는 것에 대한 두려움, 죽음의 예측 불가능성에 대한 공포, 통증의 증가와 같은 부적 감정에 지속적인 고통을 받는 일이다. 그래서 타인에 대한 의존성이 증가한다. 이러한 점들은 일반 환자와 달리 대부분 죽음과 결부되어 있다는 특징이 있다. 이렇듯 종말기 환자는 여러 가지 부정적인 감정을 갖고 어려운 시간을 보내게 된다. 이들에게 가장 필요한 것은 죽는 순간까지 자신의 인생을 생산적으로 유지하고 삶의 질을 스스로 파괴하지 않도록 보호하고 돕는 것이다.

어떤 환자의 경우는 종교적인 활동을 통해 자신의 남은 시간을 긍정적이며 생산적으로 보내기도 한다. 그러나 대부분의 사람들은 긍정적이고 생산적인 시간을 보내기보다는, 일반적으로 지나간 생애를 돌아보면서 자신의 인생을 회고하고 정리하는 과정을 거치기도 한다. 이때, 부정적인 감정에 사로잡혀 고통스러운 시간을 보내는 경우도 많은데, 여기서 음악치료사가 도와줄 수 있는 것은 다음과 같다.[117)]

- 환자의 고통을 줄이고 최대한 편안하게 만들어 줄 것
- 자신의 상황에서 최선을 다했다는 마음을 갖게 할 것
- 환자를 정서적인 면에서 지원할 것

---

117) 김군자. 호스피스와 음악치료. 호스피스 학술지. 7 (2). pp. 111-123. 2007.

음악은 치명적인 병으로 말미암아 죽음을 앞둔 환자에게 고통을 줄이고 심리적 안정을 가져다줄 수 있는 훌륭한 도구가 될 수 있다. 음악은 종말기 환자와 가족 모두에게 신체적, 심리적, 정서적으로 도움을 줄 수 있는 대단히 유익한 도구이다. 음악은 죽어가는 사람이나 그 가족 모두에게 신체적, 심리적, 감정적, 사회적, 정신적으로 도움을 줄 수 있기 때문이다.

다양한 음악 활동은 신체적으로 이완을 유도하는데 사용될 수도 있고, 통증에 대한 지각을 줄이거나 신체적 활동이나 운동에 참여하도록 격려하는 역할을 하기도 한다. 특히 선호하는 음악이나 조용하고 편안한 곡을 청취하는 것은 환자가 심리적 안정을 느끼게 하고 통증으로부터 주의를 분산시켜 걱정과 불안에서 벗어나도록 돕는다.

독일에서 활동하고 있는 의사 스핀치(Spintge)[118]는 통증 치료의 도구로써 음악의 치유적 효과를 소개하고 있다. 그는 병원에서 암 환자에게 음악을 들려주는 '음악 목욕'이라는 방식을 사용하는 것이 불안감이나 긴장감을 해결하는 데 도움이 되었다는 사례를 보고하였다. 이처럼 종교적인 음악, 특별한 가사가 있는 노래는 내면의 분노나 두려움을 해소하고 받아들이는데 도움이 된다. 또한, 인생에 대한 의미를 확립시켜주고 죽음 후의 세계에 대한 두려움에서 벗어나 내세에 대해 확신도 가질 수 있게 해준다.

---

118) MacDonald, R., Kreuthz, G., and Mitchell, L. Music, Health, and Wellbeing. Oxford University Press, 2012.

음악 활동은 이렇게 종말기 환자에게 신체적 이완과 고통의 감소뿐만 아니라 심리적, 정서적, 그리고 더 나아가 사회적인 측면에서도 긍정적인 영향을 줄 수 있다. 음악 활동은 환자와 가족, 그리고 타인과의 관계에서 매개체가 되어 여러 가지 감정적 상황을 안전하고 적절하게 표현하도록 도와줄 수 있다. 이렇게 환자의 감정 처리와 의사소통을 도와줄 때 지속적 음악 활동은 환자 자신의 자아를 유지하거나 확립시켜주는데 큰 힘이 된다. 그리고 지난 세월의 주요한 사건들을 재경험하게 함으로써 인생을 회고하고 정리할 수 있도록 돕는다.

종말기 환자에게 있어 음악적 회고는 후회와 아쉬움에 대한 감정을 승화시키고 삶을 정리하여 죽음을 받아들일 수 있게 하는 효과가 있다. 가사가 있는 노래는 자신의 분노나 두려움, 불안과 우울과 같은 감정을 인식할 수 있게 하며, 인생에 대한 의미를 확인시켜준다. 이러한 감정들은 음악 활동을 통해 내면으로부터 표출되고, 해소되며, 새로운 관점으로 생각해볼 수 있도록 유도한다.

종말기 환자에게 친숙한 음악을 감상하는 활동은 심적으로 큰 도움이 되는데 음악은 환자의 스트레스를 감소시키고 불안과 우울에서 벗어나게 하기 때문이다. 따라서 호스피스는 환자가 선호하며, 선호할 만한 음악을 파악하고 이를 효과적인 중재법으로 사용해야 한다. 나아가 환자의 음악적 반응, 음악적 기술에 대해 관심을 갖고 환자의 영적, 문화적 배경과 나이 및 기능 수준에 맞춰 음악 치료 활동을 시행해야 한다.

호스피스에서의 음악치료는 길버트(Gilbert)와 문로(Munro)와 마운트(Mount)의 연구를 비롯하여 타 분야에 비해 비교적 많은 연구가 진행되고 활용되고 있다. 문로(Munro)는 종말기 환자를 위한 음악치료가 심리적 지지, 증상치료와 간호의 형태로써 사용하기 알맞은 수단이라고 하였다. 그는 치료적 세팅 안에서 가능한 음악의 사용, 즉 음악의 의도적 사용에 대하여 신체적, 심리적, 사회적, 영적의 네 가지 영역으로 구분하였다. 그리고 음악이 치명적인 질병으로 인해 죽음을 앞둔 환자들의 신체적, 심리적, 사회적, 영적인 필요를 채워줄 수 있는 유익한 도구로써 치료대상자의 불안 감소, 통증 감소, 긴장 이완의 중재법으로 사용될 수 있다고 주장하였다.

미국 음악치료협회에서도 호스피스에서의 음악치료에 대해 언급하면서 말기 암 환자의 임상 기준을 신체적, 심리적, 사회적, 인지적 필요에 초점을 맞추고 있다. 그러므로 호스피스 음악치료사는 종말기 환자와 가족들이 신체적, 심리적 안정을 느낄 수 있도록 환경을 조성하여 그들이 가진 특정한 감정이나 문제 등을 파악하고 생각과 느낌을 표현할 수 있도록 잘 유도해야 한다.

대부분의 종말기 환자들은 신체적 통증과 심리적 불안, 사회에서의 격리 등으로 인해 우울증을 호소하는 경우가 많다. 그래서 그들은 부정적인 정서에 휩싸여 삶의 질이 저하되는 경우가 많다. 호스피스는 이러한 환자들이 환경에 적응하고 수용하게 하며, 긍정적인 태도로 생활의 활력을 가져오게 돕는 역할을 해야 한다.

3. 신체적 필요성

종말기 환자 중 말기 암 환자들에게 있어 가장 치명적인 증상은 신체적 통증이라고 할 수 있다. 이에 따라 자연스럽게 호스피스 치료에서 가장 주된 관심사는 통증 치료가 된다. 종말기 환자들에게는 통증은 만성적이고 계속 악화가 되기 때문에 육체뿐만 아니라 정신적으로도 지속적인 고통을 주는 파괴적인 힘을 갖는다. 심한 경우에는 극심한 통증이 다가오는 죽음에 대한 두려움보다 커지면서 오히려 죽음을 원하거나 자살을 기도하는 경우도 발생한다.

가장 보편적인 통증 치료는 약물을 이용한 치료이다. 그러나 약물을 장기간 복용하다 보면 내성이 생겨 궁극적으로 더 많은 양의 약물을 투여해야 한다. 그래서 이로 인한 심각한 약물 부작용으로 통증이 더 악화되거나 새로운 병이 생길 수도 있다는 문제점이 있다. 이때 대체의학으로써 사용할 수 있는 것이 음악치료 접근법이다. 음악이라는 자극은 통증으로부터 고통을 받는 환자가 즐겁고 유쾌하며 편안한 경험을 통해 환기함으로써 통증을 줄일 수 있는 좋은 치료제가 될 수 있다. 친숙한 음악이나 과거의 경험을 연상시키는 음악들은 환자의 추억과 심상을 자극하여 환자의 통증에 대한 지각을 변화시킬 수 있다. 음악이라는 청각 자극 자체가 신체적인 이완을 유도한다는 특징이 있기 때문에 고통으로 항상 경직되고 긴장되어있던 몸을 이완시키면서 편안함을 느끼게 도와준다.

4. 심리적 필요성

종말기 환자들은 신체적 통증뿐 아니라 삶의 마지막 단계에서 부딪힐 수 있는 불안, 공포, 긴장과 같은 심리적 문제들로 고통을 받는다. 환자들은 신체적으로 통증과 죽음, 사후 세계에 대한 불확실성, 가족과의 이별, 상실에 대한 걱정과 두려움 등으로 심리적 불안 및 우울, 두려움과 불안 등을 느끼며 정서 변화를 겪게 된다. 이처럼 종말기 환자들의 심리적 문제는 슬픔, 우울, 외로움, 자존감 결여 등과 같은 증상으로 나타나게 된다. 이때 음악치료는 호스피스 환자들이 겪고 있는 정서적 고통을 덜어주고 심리적 안정을 갖는데 아주 효과적이다.

5. 사회적 필요성

종말기 환자들의 또 다른 문제는 환자와 가족 간, 환자와 간병인 간, 환자와 치료진 간 의사소통의 어려움이다. 대부분 종말기 환자들은 투병 생활의 장기화로 오랜 시간 동안 사회로부터 격리되어 통증치료에만 집중하는 생활을 하게 된다. 그러는 동안 자연스럽게 쌓이는 고독감과 소외감, 외로움은 고통과 우울과 같은 부정적 정서와 합쳐져 올바르게 정서를 표현하는 능력을 저하시킨다. 심리적 문제는 환자에게 짜증과 예민함, 공격성 등의 부정적 감정을 표출하면서 타인과 원만한 관계를 형성하기 어렵게 만든다.

의사소통은 환자들의 정서적 고통과 긴장 해소에 도움을 줄 수 있다. 의사소통은 환자들이 그들의 질병을 극복하고 죽음이 임박한 삶의 현실을 직면하여 적절하게 대처하도록 하는데 필수적인 요소이다. 그런데 비언어적 의사소통이 도구인 음악은 흰지들에게 심리직으로 안전한 환경을 제공한다. 그렇기 때문에 언어로는 표현하기 힘든 의식적이거나 무의식적인 감정과 욕구들을 자연스럽게 표현하도록 하는 데 효과적으로 사용된다.

6. 국내 호스피스 음악심리치료 정착 과제

(1) 호스피스 전문 음악치료사 양성

음악치료는 음악치료학 이론 및 실습, 그리고 인턴십 과정을 통해 자격을 갖춘 음악치료사에 의한 근거 기반의 음악 중재이다. 호스피스 음악치료를 할 때 사정(assessment)을 통해 환자의 강점, 약점 및 필요를 파악한 후 목적·목표를 수립하고 이를 위한 중재 방법 및 기간 등을 환자에게 맞게 계획하여 적용해야 한다. 호스피스 음악치료는 음악치료 정규 교육과정을 통해 습득해야 하는 음악치료사의 기본 역량에 더해 호스피스 환자와 가족에 대한 이해와 경험이 필요하다. 바로 상담 역량과 대처 기술 등을 포함하여 능숙한 음악 중재 역량이 요구되는 전문 분야라고 할 수 있다.

자원봉사자 또는 음악치료 정규교육을 수료하지 않은 비전문가에 의한 음악 감상 등의 단순 음악 활동 역시 환자에게 유익한 측면이 있을 수 있다. 하지만 이는 전문 교육과정 및 임상 수련을 통해 전문성을 갖춘 음악치료사의 음악치료와는 엄격히 구분되어야 한다. 현재까지 국내에서 음악치료 및 호스피스 경험이 풍부한 질적 호스피스 음악치료사는 한정되어 있다. 앞으로의 음악치료 및 호스피스 과정을 운영하는 전문교육기관의 증설을 통한 호스피스 음악치료사의 양성이 필요한 시점이다.

(2) 음악치료사의 관리 및 서비스 전달체계 구축

국내 음악치료 학위 및 자격증을 취득한 음악치료사의 명단은 해당 자격증을 발급한 학회들을 중심으로 관리되고 있다. 하지만 호스피스를 대상으로 음악치료 중재가 가능한 음악치료사들의 명단을 별도로 관리하는 기관이나 학회가 없다. 또한, 호스피스 음악치료를 하는 기관의 목록과 각 기관의 음악치료사 명단 역시 관리되고 있지 않다.

음악치료가 보험 수가의 대상이긴 하나 미술, 원예와 함께 요법치료로 묶여 있으므로 건강보험 심사평가원에서도 개별 요법 단위로 적용 현황을 관리하지 않고 있다. 호스피스 음악치료사의 관리는 음악치료 서비스 전달체계 마련을 위해 선행되어야 할 일이다. 특히나 음악치료 학위 과정을 운영하는 대학이 모여 있는 수도권의 경우는 음악치료사 공급이 비교적 원활한 편이다. 하지만, 수도권을 제외한 지역에서는 정규교육을 수료한 음악치료사를 구하는데, 어려움을 겪고 있다. 이런 점에서도 음악치료사 서비스 체계의 구축은 꼭 필요하다.

2014년노 소사 결과 서울, 경기 지역 기관에 근부 숭인 음악치료사가 전체 기관 음악치료사의 70% 이상으로 수도권 편중 비율이 높게 나타났다. 음악치료를 시행하지 않는 기관에서는 음악치료사 섭외에 어려움을 겪고 있는 것으로 나타났다. 정책적, 제도적 변화에 따라 점차 증가할 것으로 예상하는 호스피스 음악치료 수요에 대응해야 한다. 그러기 위해서는 호스피스 전문성을 갖춘 양질의 음악치료사를 선별하여 관리하고 적재적소에 공급할 수 있는 시스템을 준비해야 한다. 미국의 경우 14개 주와 컬럼비아 특별구에서 48개의 호스피스 프로그램을 운영하고 있는 미국 최고의 의료 서비스 제공 업체인 VITAS Healthcare는 직원이 12,500명 이상 전문가이며 1만 9,000명 이상의 환자 평균 일일 센서스를 제공하는 기관이다. 이러한 호스피스 전문기관인 Vitas Healthcare, Seasons Hospice와 같은 기관들이 미국 전역에 걸쳐 음악치료사를 직접 고용하여 음악치료가 필요한 호스피스 기관이나 가정 등에 서비스를 제공하고 있다. 우리나라에서는 영리를 목적으로 운영되는 사설 기관, 무분별한 자격증 발급 기관 등을 배제하고 중앙호스피스와 호스피스·완화의료학회, 그리고 주요 음악치료 학회를 중심으로 표준 양성체계와 관리시스템을 구축하는 것이 바람직할 것으로 사료된다.

참고 문헌

김군자. 호스피스와 음악치료. 호스피스 학술지. 7 (2). pp. 111-123, 2007.

김분한. 한국 호스피스 완화 돌봄의 현재와 나아갈 방향. 한국호스피스완화의료
학회지. 14 (4). pp. 191-196, 2011.

김은정. 한국의 호스피스 음악치료. 한국호스피스완화의료학회지. 21 (4). pp.
109-114, 2018.

문정표. 호스피스에서의 음악치료. 한국가톨릭호스피스협회. 36. pp. 3-6, 2006.

문지영. 호스피스에서의 음악치료. 한국호스피스완화의료학회지. 10 (2). pp. 67-
73, 2007.

황은정. "노래중심 음악치료에서 나타나는 호스피스 환자 반응에 대한 연구". 한
세대학교 석사학위논문, 2017.

MacDonald, R., Kreuthz, G., and Mitchell, L. Music, Health, and Wellbeing. Oxford
University Press, 2012.

바실리 칸딘스키 – 원속의 원

제14장 음악치료 슈퍼비전

1. 슈퍼비전의 개념

슈퍼비전(Supervision)이라는 단어를 사전에서 그 뜻을 찾아보면, 감독, 관리, 그리고 지도교수에 의한 개인 지도라고 나온다. Supervision이라는 영어단어는 super와 vision의 조합으로 이루어져 있다. 여기에서 super- 는 복합형으로 사용될 때 '상부의', '위에서'라는 뜻을 나타낸다. 그리고 vision은 '관찰하다'라는 의미가 있다. 즉, 슈퍼비전은 '위에서 관찰하다'라는 의미로 해석할 수 있다.

음악치료에서의 슈퍼비전은 단순히 의미 그대로 위에서 관찰한다는 말은 아니다. 이는 음악치료사의 치료수행을 지도하는 활동임으로 지도하는 역할의 슈퍼바이저가 지도가 필요한 슈퍼바이지의 치료능력의 발달을 촉진하려는 의도를 가지고 계획적으로 하는 대면 관계라고 정의할 수 있다. 다시 말하면, 슈퍼비전은 보다 경험 있는 음악치료사인 슈퍼바이저가 음악치료 전공생인 슈퍼바이지로 하여금 치료대상자를 효율적으로 조력할 수 있도록 음악치료를 지도하는 교육과정이라고 할 수 있다.

> **a. 슈퍼바이저(Supervisor)**
> 수퍼바이저는 음악치료사가 진행하고 있는 치료사례에 대해 피드백을 주면서 수련치료사의 치료과정 행동을 평가하고 필요한 경우 조정자의 역할을 담당하는 자를 의미한다.
>
> **b. 슈퍼바이지(Supervisee)**
> 수퍼바이지는 훈련을 받거나 감독을 받는 자를 말한다. 수퍼바이저와 수퍼바이지의 개념은 수퍼비전 안에서 수여하기-받기의 관계에서 생성되는 상대적인 개념으로 사용된다.

음악치료 교육과 훈련에는 실습교육과 더불어 임상훈련이 있다. 특히, 임상훈련은 그에 대한 감독 행위, 즉 슈퍼비전(supervision)을 함께 지속해서 실시한다.

음악치료에서 슈퍼비전은 매우 중요하다. 이미 확립된 지식이나 기술의 습득에 주요 초점이 맞추어진 인문학 분야와는 다르다. 음악치료는 실제 현장에서 일어나는 임상과 학문의 결합으로 음악치료사의 훈련이 아주 중요하기 때문이다. 임상훈련에서의 슈퍼비전은 치료 세션의 전문적인 질을 통제, 유지 및 증대시키는 임무를 수행하는 것이다. 음악치료의 임상 영역뿐 아니라 임상과 학문의 결합이 되는 음악치료의 총체적 발전을 전반적으로 관리하는 영역을 다루기 때문에 것으로 슈퍼비전은 음악치료에서 매우 중요하다.

미첼 포르나쉬(Michele Forinash)는 그의 저서 '음악치료 슈퍼비

슈퍼비전이란 수련생이 더욱 정열적이고 자신감 있는 전문가가 되기 위해 성장하고 발전하면서, 계속 대면하게 되는 복잡한 문제를 하나씩 해결해나가도록 도와주는 과정이라 할 수 있다. 슈퍼비전을 통해 형성된 슈퍼바이저와 수련생의 관계는 서로 적극적으로 소통하고 교류하면서 발전한다. 이러한 관계는 특정한 요리법이나 설명서에 의해서라기보다는 서로 역동적으로 만들어가는 창조적 과정에서 발전할 수 있다.

고 하였다.

이러한 교육과 훈련의 목적에 따라, 국내에서는 대학원 정규과정의 교육과 훈련을 통해 전문 음악치료사를 배출하고 있다. 음악치료사 전공생들은 음악 관련 과목, 음악치료기술, 임상 기법, 특수교육 및 심리학, 상담학 등의 이론과 더불어 총 5학기 과정 동안 임상 실습과 인턴십 과정을 거친다. 슈퍼비전은 이 중 임상훈련을 지속해서 실시한다.

"음악치료 슈퍼비전(Music therapy supervision) 안에서 개인의 특성 요인으로서의 수치심은 상황 요인으로서의 평가불안과 인과관계를 가지며, 이러한 관계는 사회–정서적 요인인 정서적 유대보다는 인

---

119) Michele Forinash, 「음악치료 슈퍼비전」 정현주, 김동민, 김수지, 김영신 공역. 서울: 학지사, 2012.

지—동기 요인인 자기효능감의 영향을 받는다는 것을 알 수 있었다.[120] 또한, 임상의 노출과 이에 대한 평가가 요구되는 슈퍼비전 상황에서 슈퍼바이지의 수치심과 평가불안이 필연적으로 유발되므로 이에 대한 슈퍼바이저의 충분한 인식과 적절한 개입이 요구되며, 이는 슈퍼바이저들을 위한 적절한 교육과 훈련, 그리고 슈퍼바이저를 위한 슈퍼비전을 통하여 활성화될 수 있다는 것을 알 수 있었다."

그는 음악치료 슈퍼비전 상황에서 수치심, 자기효능감, 애착유형 및 평가불안 간의 유기적 관계를 연구했다. 이 연구는 수치심과 평가불안 경험의 형태, 유발 상황 및 원인, 그리고 그 영향에 대하여 슈퍼바이지의 생생한 경험을 바탕으로 실체적인 검토를 하였다는 점에서 중요하다. 그의 연구에 따르면 음악치료사가 성장하는 데에 있어 적절한 개입은 필수적으로 요구되는 사항으로 이것이 슈퍼비전이라고 했다. 슈퍼비전은 치료사의 교육과정에서 가장 필수적이고도 효과적인 형태라고 볼 수 있겠다. 이를 위해서는 슈퍼바이저 양성을 위한 교육 또한 필요한데, 현재 국내에서는 한국음악치료학회에서 전문가를 위한 임상 슈퍼비전 교육을 진행하고 있다. 슈퍼비전은 그 대상이 예비전문가인 경우와 전문가 슈퍼바이지인 경우 그 교육방식과 결과가 다른데 간단히 설명하자면 다음과 같다.

---

120) 김동민, "집단 슈퍼비전에서 슈퍼바이지가 지각하는 수치심, 애착유형, 자기효능감, 정서적 유대, 평가불안 간의 관계 – 음악치료 슈퍼비전을 중심으로 –." 이화여자대학교 박사학위논문, 2009.

예비전문가 슈퍼비전

'예비전문가'란 용어는 아직 음악치료 자격증을 획득하지 못한 대상을 일컫는 용어로 학생, 인턴, 실습생 모두를 가리킨다. 예비전문가를 위한 슈퍼바이저는 임상훈련에서의 실질적인 역할을 담당하고 있으며, 예비전문가들의 전문성을 발전시키는 데에 꼭 필요하다. 음악치료의 과정을 감독 및 통제하는 핵심 중추의 역할이라고 볼 수 있다.

전문가 슈퍼비전

전문가를 위한 슈퍼바이저는 음악치료 자격증을 획득한 이들을 대상으로 실시하는 슈퍼비전으로, 과거에는 인턴십을 마친 음악치료사들이 그 이후 슈퍼비전을 전혀 받지 않았다. 초급 자격증을 이수하면 음악치료에 대해 기초적인 지식을 모두 습득했다고 판단했기 때문이다. 그러나 음악치료의 학문적 영역과 깊이가 발전하면서 최근에는 전문가가 더욱 발전하고 성장해야 할 필요성을 인식하기 시작했다. 그리하여 다른 전문영역의 슈퍼비전과는 차별화된 음악치료 학문의 독창성과 음악과 예술 매체의 창의적 과정, 그리고 자기 성장 체험을 바탕으로 한 음악치료 고유의 슈퍼비전이 정립되기 시작했다. 이는 동시에 전문적인 슈퍼비전을 수행할 수 있는 음악치료 슈퍼바이저를 훈련하는 것이 매우 중요하다는 의미이다.

이경숙과 김영신의 '음악치료 슈퍼바이지가 지각하는 슈퍼비전 만족도' 연구에 의하면, 예비전문가 슈퍼바이지는 슈퍼바이저의 슈퍼비전 스타일에 따라 슈퍼비전 만족도에 높은 영향력을 미치는 것으로 나타났다. 반면에 전문가 슈퍼바이지는 슈퍼바이저의 스타일에 따른 만족도에 영향이 미치지 않은 것으로 나타났다.[121] 즉 슈퍼비전 스타일의 영향력은 발달 수준이 낮은 슈퍼바이지일수록 더 크게 나타났다. 이는 슈퍼바이지가 자신의 음악기술과 임상기술에 대해 슈퍼바이저의 피드백이 어느 정도인가에 따라 슈퍼비전 만족도를 평가하기 때문인 것으로 보인다.

일반적으로 초보 단계에 있는 초보 슈퍼바이저일수록 임상에 임하는 동기는 높다. 초보 슈퍼바이저는 치료대상자에 대한 개념적 이해와 실제 임상에서의 상황과 통합을 이루지 못한 상태인 데다 자신에 대한 자각이 부족한 사람이다. 그래서 전문 슈퍼바이저가 모든 것을 해결할 수 있는 사람으로 자각하기 때문에 그 의존성이 매우 크다. 또한, 전문 슈퍼바이저의 개입에 크게 영향을 받는 시기이기도 하므로 전문 슈퍼바이저의 역할이 매우 중요하다.

반면, 전문가 슈퍼바이지는 자신의 능력에 대해 현실적인 견해를 갖고 장단점을 수용하듯이 슈퍼바이저 역시 장단점을 지닌 대상으로 본다. 그렇기 때문에 슈퍼바이저에 대한 절대 의존성은 사라진다. 따라서 그 영향력은 예비전문가 슈퍼바이지에 비하면 적은 편이나, 전문가가 지녀야 할 능력과 지속적인 발전에 도움을 주며 슈퍼바이저 또한 함께 발전할 수 있는 상호 보완관계에 있다.

---

121) 이경숙, 김영신. 음악치료 슈퍼바이지가 지각하는 슈퍼비전 만족도 변인들 간의 구조 분석: 비전문가와 전문가 집단 비교. 한국음악치료학회지, 18 (1). pp. 35-59, 2016.

전통적으로 슈퍼비전은 발달과 심리학적 개념을 바탕으로 진행해 왔다. 음악치료에서의 슈퍼비전은 임상적 인식과 창조성, 음악성을 배양하는 데 필요한 것으로, 예술적 감각 수련과 민감성의 중요성을 일깨워준다. 슈퍼바이저는 슈퍼바이지가 이러한 예술적 수련을 통해 예술치료사가 될 수 있도록 돕는다. 또한, 슈퍼바이저는 슈퍼바이지의 내면에 치료대상자에 대한 진솔한 인간적 고려를 배양하고, 지각의 특정한 면모를 개발하도록 성실하게 돕는다. 이렇게 슈퍼바이지의 태도를 육성하는 과정은 일종의 사랑이다. 여기에서 사랑은 적극적인 사고와 실천을 뜻한다. 로빈스(Robbins)는 그의 가르침에서 "사랑은 그저 따뜻한 행복감이 아니다. 사랑은 지각이다."라고 종종 말했다.

슈퍼바이저는 슈퍼비전을 통해 슈퍼바이지가 전문가로서의 길을 걷도록 훈련하는 과정에서 사랑하는 경험을 하게 된다. 슈퍼바이지는 수퍼바이저의 지도 하에 치료대상자와의 관계를 형성하고 수련을 반복하면서 사랑하는 법을 배우게 되는 것이다. 슈퍼바이지는 사랑을 다정하고 친숙한 감정으로 경험하지 않을 수도 있다. 그러나 수련을 반복하면서 적극적인 사고를 통해 성숙의 과정을 겪는다. 전문성에 대한 열망을 가진 슈퍼바이지는 자신에 대해 긍정적으로 느끼기 위해 치료대상자에게 많은 것을 쏟아붓지 않으려한다. 그러나 슈퍼바이지는 임상적 성숙을 얻어감에 따라 사랑하는 능력은 더욱 자각적이고 자원하는 모습으로 변화되어간다. 즉, 슈퍼바이지는 실제로 영성적 학습의 경로를 따르는 것이다.

슈퍼바이지는 보통 훈련과정을 2년 안에 마치게 되지만, 지속적인 유능성의 발달은 전 생애에 걸친 과정이다. 훈련은 결단과 집중을 요구하는 수련이다. 슈퍼바이저는 슈퍼비전을 주는 경험을 통해 그들 안의 유능성에 대한 작업을 지속하게 된다. 영성적 작업이라는 맥락에서 본다면, 창조적 음악치료 수련의 전 과정은 헌신과 명상과 기도를 하는 것과 같이 의식과 사랑할 수 있는 능력을 키워가는 전 과정이라 할 수 있겠다. 따라서 슈퍼비전 과정에 대한 슈퍼바이지와 수련생의 참여는 영성적 훈련의 현대적 형태로 인식될 수 있다.

2. 음악치료 슈퍼비전의 실행

(1) 경청 훈련

슈퍼비전에서 음악을 포함하는 것은 슈퍼바이지와 작업하는 즉각적이고 효과적인 방법일 수 있다. 이는 음악치료사와 치료대상자의 경험에서 나타나는 특정한 경험과 치료대상자를 향한 민감성을 계발할 기회를 제공한다. 슈퍼비전에서 음악을 연주하는 것은 슈퍼바이지가 지속적으로 음악 그리고 즉흥연주와의 관계를 발전시킨다. 또한, 공유적 음악연주를 통해 다른 사람과 관계를 형성하도록 장려한다. 이는 슈퍼바이지가 변화의 잠재적 수행자로서의 음악 경험을 내재화하고 통합하는 일에도 도움을 준다.

슈퍼바이저는 슈퍼비전 중에서도 세션의 음악에 대해 세심한 경청

이 필요하다. 이를 통하여 슈퍼바이지가 음악적 상호작용에서 경험되는 더욱 작고 미묘한 면을 분별할 수 있도록 경청기술을 키워줄 수 있기 때문이다. 경청 훈련은 슈퍼바이지가 치료대상자에 대하여 어떻게 느끼는가, 그리고 이러한 감정이 치료대상자에게 음악적으로 어떻게 응답할 수 있고 어떠한 영향을 미치는가를 발견할 수 있도록 돕는다.

슈퍼비전의 목표는 슈퍼바이지에게 무엇이 필요한가를 확인시키는 것이다. 슈퍼바이지에게 필요한 것은 더욱 완전한 이해를 자극하는 언어적 통찰일 수도 있다. 또한, 새로운 음악적 치료 방법을 보여주는 음악 경험일 수도 있다. 이러한 경험은 또 다른 경험으로 이어지기도 한다. 슈퍼바이저의 역할은 슈퍼바이지가 필요한 것을 인식하고 나아갈 수 있도록 장려하며, 특정한 사건을 이해할 때 적절한 순서를 거칠 수 있도록 돕는 것이다. 즉, 슈퍼바이저는 슈퍼바이지가 어떠한 사건을 이해함에 있어서 음악적 사건을 설명하고, 음악을 탐색한 뒤에 그 의미를 이해할 수 있도록 돕는다.

(2) 세션 탐색

음악치료는 모든 세션을 녹음 또는 녹화해야 한다. 따라서 음악치료에서의 슈퍼비전은 독특하게도 세션 탐색을 통해서 이루어질 수도 있다. 그것은 슈퍼비전은 슈퍼바이저와 슈퍼바이지가 세션을 함께 경청하고 자세히 관찰하는 과정이다. 슈퍼바이지는 자신의 음악에 대해 확신하지 못하는 경우가 있는데, 이럴 때 슈퍼바이저와 함께 세션을 듣거나 보는 과정에서 이에 대해 이야기하려는 경향이 있다. 이때, 슈퍼바이저는 세션을 청취하는 것에만 초점을 둘 수 있도록 환경을 조성해야 한다. 그 이유는 세션을 경청할 때에는 세션에 대한 느낌을 얻을 수 있도록 아무 말 없이 듣는 것이 중요하기 때문이다.

슈퍼바이저는 세션 경청 중에 특정한 것 혹은 중요한 순간을 듣게 될 때, 슈퍼바이지에게 왜 이렇게 연주했는지에 대해 질문하는 경우가 있다. 이때 슈퍼바이지가 치료대상자의 음악에 관해 설명하는데, 이때 슈퍼바이저는 그 세션 안에서 어떤 느낌을 가졌는지도 함께 슈퍼바이지와 함께 탐색한다.

이때 슈퍼바이저는

"어디에서 관계가 형성되었나요?"

"어디에서 그것을 잃어버렸나요?"

"어떻게 해야 할까요?"

와 같이 질문 위주로 슈퍼바이지에게 대답을 요구하는 데, 훈련 시작단계에서 이렇게 설명을 요청하는 것은 슈퍼바이지에게 조금 용기가 필요한 것일 수도 있다. 그러나 이러한 과정은 슈퍼바이지가 세션에서 발생한 음악에 대해 분명히 설명할 수 있도록 돕는 역할을 한다.

슈퍼바이저는 주장이나 제안을 하기보다는 질문을 하여 슈퍼바이지 스스로 답을 탐색할 수 있도록 돕는 것이 중요하다. 질문을 통해 슈퍼바이저는 슈퍼바이지가 주어진 사건에 대한 정답보다는 다른 관점을 탐색하도록 장려한다. 슈퍼바이저는 슈퍼바이지에게 어떻게 하라고 말하는 대신, 슈퍼바이지가 상황에 대한 자신의 통찰을 가지거나 대안적 선택을 도출하도록 도울 수 있다. 또한, 질문은 슈퍼바이저가 중요하다고 생각하는 영역이나 당면 상황에 대해 더 큰 인식을 얻을 수 있도록 슈퍼바이지에게 자극이 된다. 이러한 과정은 슈퍼바이지가 자신의 지각을 신뢰하고 음악치료사로서의 정체성을 형성하도록 도움을 준다.

(3) 슈퍼비전에서의 음악 연주

슈퍼바이지는 아직 치료대상자를 이끌어야 할 때와 방법을 잘 모를 수 있다. 슈퍼바이지는 자신의 음악을 통해 치료대상자에게 필요한 만큼의 따뜻함이나 위안을 포함할 수는 있으나 생동감이나 방향, 추진력은 부족할 수도 있다. 따라서, 슈퍼비전에서의 음악 연주는 이러한 경험을 통해 슈퍼바이지에게 부족한 점을 채워주는 방법이 될 수 있다. 슈퍼바이지는 음악 연주를 통해 지지적이면서도 도전적이고, 동행적이면서도 선도적인 음악의 속성에 대해 좀 더 탐색하게 된다.

연주에 대한 특별한 계획이 없더라도 슈퍼비전은 항상 피아노가 있는 방에서 하는 것이 좋다. 그러나 처음부터 음악연주를 요구할 필요는 없다. 슈퍼바이지가 그동안 여러 장소에서 연주를 해왔더라도 슈퍼바이저 앞에서 연주하는 것에 대해서는 불편하게 생각할 수도 있기 때문이다. 따라서 슈퍼바이지가 긴장을 풀고 안전하다고 여기는 환경에서 연주할 수 있도록 우선 슈퍼바이저와의 신뢰를 형성하는 것이 중요하다.

이를 위해서 첫 단계로 슈퍼바이지에게 특정 목표 없이 함께 연주하는 것을 제의할 수도 있다. 적절한 환경이 마련되어 슈퍼바이지와의 음악연주를 진행할 때에는 다양한 방식으로 시도할 수 있다. 예를 들면, 슈퍼바이지가 치료대상자의 역할을 하면서 치료대상자가 치료에서 연주했던 그대로 연주하는 것이다. 슈퍼바이저는 슈퍼바이지의 역할을 하며 슈퍼바이지가 치료에서 했던 것과 똑같이 연주한다. 이러한 경험만으로도 슈퍼바이지는 세션에서의 음악치료에 대한 새로운 가능성을 통찰할 수 있다. 슈퍼바이저는 이러한 역할 연기에서 더 나아가 점점 음악을 다양하게 변화시킴으로써 슈퍼바이지가 깨닫지 못하고 있던 새로운 경험을 선사한다. 이렇듯 슈퍼비전에서 음악을 연주하는 것은 슈퍼바이지가 새로운 통찰과 음악 표현 능력을 성취할 수 있도록 돕는다. 이러한 경험은 슈퍼바이지가 치료대상자에게 더욱 공감하고 세션에서 치료대상자가 경험하는 것을 충분히 인식할 수 있는 계기를 제공한다. 또한, 치료대상자에게 음악적으로 응답하는 새로운 관점과 방법을 배우도록 돕는다.

3. 요약

슈퍼비전은 슈퍼바이저가 슈퍼바이지의 지속적인 발달을 위해 진행되는 것이다. 그러므로, 단순히 지식의 습득이 아닌 치료사의 치료능력을 배양하기 위해 꼭 필요하다. 슈퍼비전에서의 슈퍼바이저와 슈퍼바이지의 관계는 치료사와 치료대상자와의 관계와 비슷한 요소를 포함하고 있다. 슈퍼바이저와 슈퍼바이지는 서로 배우고 함께 발전하고자 하는 의지를 가지고 진행되는 창조적인 행위를 하는 관계이기 때문이다.

　슈퍼바이저에게는 슈퍼바이지에게 특정한 제안을 하는 것보다 더 중요한 것이 있다. 이는 슈퍼바이지가 자신의 상태를 지각하고 어떻게 발전해나가야 하는지에 대해 새로운 가능성을 탐색할 수 있도록 보조하는 역할을 하는 것이다. 또한, 지속적인 관찰과 적절한 개입을 통해 올바른 길로 나아갈 수 있도록 돕는 일이다. 음악적 슈퍼비전은 경청 훈련과 세션 탐색, 음악 연주 등을 통해 이루어진다. 이는 슈퍼바이지의 경청기술 연마, 음악적 인식 및 민감성 증대, 음악적 관계에 대한 통찰력 심화에 도움을 주기 때문이다.

　슈퍼바이저는 경청 훈련과 세션 탐색 등을 통해 슈퍼바이지가 치료대상자와의 세션 도중 연주한 음악, 그리고 그때의 감정 등을 되돌아볼 수 있는 능력을 스스로 찾을 수 있도록 도와주어야 한다. 또한 슈퍼바이지가 자신의 음악적 자원을 개발하고, 민감성을 개발하도록 함으로써 음악적 숙련도를 향상시킬 수 있게 한다. 슈퍼바이지는 이러한 과정을 통해 불안정했던 자신의 감정을 제대로 지각하는 법을 배운다. 그리고 치료대상자와 함께 즉흥연주를 하며 치료대상자를 지지하고 이끄는 일에도 자신감을 얻는다. 더 나아가 슈퍼바이지는 자신의 발달을 신뢰하고 소속감을 가지며, 전문가로서의 정체성을 확립할 수 있게 된다.

끝으로 음악치료사는 학문과 임상이 결합한 복합적인 능력으로 자격증 획득만으로는 완성된 전문가라고 할 수 없다. 지속적인 교육을 통해 계발함으로써 전문가로서의 완성도를 높일 수 있도록 적절한 슈퍼비전은 꼭 필요하다.

참고 문헌

강성은. "음악치료 슈퍼비전 현황과 슈퍼바이지의 슈퍼비전 교육내용 요구," 이
　　　화여자대학교 교육대학원 석사학위논문, 2006.
김동민. "집단 슈퍼비전에서 슈퍼바이지가 지각하는 수치심, 애착유형, 자기효
　　　능감, 정서적 유대, 평가불안 간의 관계: 음악치료 슈퍼비전을 중심으로,"
　　　이화여자대학교 심리학과 박사학위논문, 2009.
박혜미. "음악치료 전공생들의 실습교육 및 슈퍼비전에 대한 만족도 조사," 이화
　　　여자대학교 석사학위논문, 2010.
이경숙, 김영신. 음악치료 슈퍼바이지가 지각하는 슈퍼비전 만족도 관련 변인들
　　　간의 구조분석: 비전문가와 전문가 집단 비교. 한국음악치료학회지, 18
　　　(1). pp. 35-59, 2016.
Forinash, M., 「음악치료 슈퍼비전」 정현주, 김동민, 김수지, 김영신 공역, 서울:
　　　학지사, 2012.

놀라운 음악치료의 세계

초판 1쇄 펴낸 날 2020년 2월 25일
초판 2쇄 펴낸 날 2022년 4월 20일

지은이 임종환

펴낸이 조석행

펴낸곳 예영B&P

디자인 차순주

등록번호 1998년 9월 24일(가제 17-217호)

주 소 02176 서울시 중랑구 용마산로 112가길 17(망우동 401-23) 1층
　　　　Tel 02)2249-2506　　　　**Fax** 02)2249-2508

총 판 예영커뮤니케이션
　　　　Tel 02)766-7912　　　　**Fax** 02)766-8934

ISBN 978-89-90397-67-6 03230

값 15,000원